Костянтин Кавун

Увага на кінчику носа

Як швидко навчитися медитувати

Дніпро
«Середняк Т.К.»
2024

УДК 133.2
К 12

Костянтин Кавун

К 12 Увага на кінчику носа. Як швидко навчитися медитувати —
Дніпро: Середняк Т.К., 2024, — 100 с.

ISBN 978-617-8139-36-0

Зміст

ПЕРЕДМОВА

Трохи про мене

Друзі, вітаю вас. Мене звуть Костянтин Кавун, і я дуже радий, що ви вирішили спробувати медитацію разом зі мною.

Я почав писати цю книгу не в найлегші часи – у 2022 році, після карантину та під час вторгнення наших неадекватних сусідів до нашої рідної України.

Постійний стрес мотивує на зміни в житті, тому до мене прийшла медитація. Спочатку я пробував, потім практикував самостійно, також проходив навчання у майстрів медитації, і згодом медитація увійшла в моє життя як корисна звичка на кшталт гігієні. До речі, медитація – це і є гігієна, адже вона очищає розум.

Я почав писати цю книгу спочатку для себе як конспект. Я конспектую майже всі нові знання, тому що люблю все система тизувати. Оскільки я підприємець і мої інтереси дуже різноманітні, а завдань багато – майже завжди маю постійне розфокусування уваги та стрес. Тому, щоб впоратися з усім цим, я знайшов для себе дві опори: систематизація і медитація.

Коротко про книгу

Чого не буде у цій книзі:
- води та релігії.

Що буде в цій книзі:
- суха теорія з прикладами, про те, що таке медитація;
- яка користь від неї;
- як правильно медитувати;
- практичні завдання після кожного розділу.

Якими Ви станете після цієї книги:
- уважнішими;
- врівноваженими;
- спокійнішими.

ВСТУПНІ НАПУТТЯ

У цьому пролозі до книги я поділюся деякими напуттями, які допоможуть засвоїти матеріали з книги з максимальною користю та задоволенням.

Дозвольте мені вам подякувати за довіру та за прагнення розвитку. Ви хочете навчитися медитації? У вас у руках правильна книга. Медитація змінює життя людей на краще. Я хотів би, щоб між нами встановилися довірчі стосунки на рівних, як між друзями. Я веду досить активний, насичений спосіб життя і чудово розумію тих людей, у яких мало вільного часу, бо сам є досить зайнятою людиною. Всі ці умови позначилися на моєму підході до навчання медитації. Моє завдання – донести медитацію дуже **практично та просто**.

1. По-перше, **практичність** означає, що все, що я даю на своїх заняттях, застосовується на практиці. Ви отримаєте практичну користь, яку ви відчуватимете для себе щодня. Зверніть увагу: після кожного нашого уроку ви отримаєте **домашнє завдання**, яке треба буде виконувати.

2. По-друге, я прихильник **простоти**, тому люблю навіть про складні речі говорити простою мовою, використовувати наочні **метафори**, якийсь свій особистий досвід, показувати **приклади з життя**, щоб доносити максимально зрозуміло і доступно.

Я впевнений, незабаром ви і самі переконаєтеся, що в медитації немає нічого складного, містичного та загадкового.

Перешкоди

Розповім також про дві перешкоди, які часто чекають новачків. Кожен новачок стикається з двома перешкодами по дорозі навчання.

1. Перша перешкода – «*А з чого, взагалі, почати?*» Вважатимемо, що ви на це питання вже відповіли: у вас у руках правильний посібник. Викладених у ньому матеріалів більш ніж достатньо для того, щоб добре розібратися у

питанні медитації, почати, освоїти та внести медитацію у своє повсякденне життя. Ви переконаєтеся, що розділи розподілені в поступовому наростанні складності і досить глибокі. Цих матеріалів вистачить для повноцінної практики. Вам не треба ще щось шукати. На всі свої запитання, або практично на всі, ви отримаєте відповіді у цій книзі, а якщо не знайдете, наприкінці книги будуть наші контакти, і ви зможете поставити їх мені особисто.

2. Друга перешкода – «*Де знайти час для практики?*» І на це запитання мені відповісти складніше, бо тут йдеться про ваш час.

Можу поділитись своїм особистим досвідом. Я вже сказав, що веду досить активний та насичений спосіб життя. Але вже багато років поспіль щодня приділяю час для своєї ранкової чи вечірньої медитації. У цьому немає секрету, я зрозумів, що коли ми говоримо про виділення часу для медитації, тут справа не у відсутності часу, а просто в пріоритетах. Погодьтеся, у нас завжди є час для того, що ми вважаємо за важливе. Навіть якщо ви дуже зайнята людина, те, що для вас важливе, ви робите. Тому завдання полягає в тому, щоб побачити, що медитація – це важлива справа, і тоді ви знаходитимете для неї час. Наприклад, для себе я чудово бачу, що медитації – це найважливіша справа протягом дня. Найчастіше я медитую вранці після зарядки і до їжі. Для медитації я знайшов час – це час, який я витрачав на гортання інстаграма, фб, та новин в телеграмі. Виділяю на неї від 5 до 20 хвилин, або змінюю її рахуючи від 50 і більше. Для мене 50 вдихів – це той мінімум, який дозволяє досягти моїх цілей на медитацію.

Тут я пригадую один анекдот про недолугого лісника, який не мав часу наточити свою пилку. Можливо, ви його знаєте, але я двома словами розповім. «Людина йде лісом і бачить лісника, який довго й болісно пиляє дерево тупою пилкою. Він спітнів і втомився від важкої роботи. Людина запитує лісника: «Слухай, а чому би тобі не зупинитися і свою пилку не нагострити?» На що йому той відповідає: «Мені ніколи. Мені треба пиляти».

Насправді це те, що багато хто з нас робить у своєму житті. Ми боїмося зупинитися і приділити хоча б кілька хвилин на день, щоб заточити свою пилку, а пилка – це наш розум, фокус, увага, здатність до концентрації. Це те, що робить наш день продуктивним. Коли я почав практикувати медитацію я усвідомив, що ось ці 10-15 або 20 хвилин на день, які я приділяю медитації, повністю змінюють всі години залишку дня, що залишилися в цьому дні. Тому медитація не забирає ваш вільний час, а навпаки – вона дає вам більше якісного часу, який ви можете провести з більшою користю, з більшим творенням. І якщо ви спробуєте подивитися на практику медитації через цю призму і не повторювати помилки недолугого лісника, то, можливо, це допоможе вам відповісти на запитання: *«Де взяти час для практики?»*

Знову ж таки, справа не в часі, а в пріоритетах. Нехай медитація вам буде пріоритетом. Я сподіваюся, що ця історія вас надихає, і головне – ви самі відчуватимете, що це дає вам користь. Себе не обдуриш: якщо є користь, то ми в це готові вкладати більше свого часу, енергії та уваги.

Побажання і напуття

Ну, і насамкінець. Перед тим, як ми перейдемо вже до практичного заняття, я хочу дати вам три напуття, які допоможуть вам із максимальною користю провести цей час разом зі мною і пройти ці заняття.

1. Спробуйте ставитись до наших занять з медитації як до тренування. Насправді, **це і є тренування**. Медитація – це звичка, а зовсім не талант чи вроджена здатність. Навички тренується лише через регулярну практику, так само, як і будь-яка інша навичка, яку ви опанували у своєму житті (наприклад, водити авто чи велосипед, або грати на якомусь музичному інструменті). Погодьтеся, навряд чи ви освоїли велосипед із першого разу. Минув якийсь час для того, щоб

навчитися на ньому їздити, ловити баланс. Поступово, з кожним наступним разом ця навичка дедалі більше розвивалася. Спробуйте так само поставитися до занять медитацією: не оцінюйте медитацію і свої в ній здібності з першого заняття. Тому що цілком можливо, що на першому занятті не все вдасться повністю, не все буде зрозуміло. Це абсолютно нормально. Пам'ятайте, що це навичка, і ми тренуємося, і кожне наступне заняття у вас буде все кращим і кращим. Спробуйте також не судити про медитацію з перших трьох занять. Пройдіть повністю весь практичний матеріал із книги, і лише потім у вас може виникнути якась цілісна картинка, що таке медитація. Наскільки це вам подобається? Наскільки це у вас виходить? Я хотів би, щоб прямо зараз ви на секунду задумалися про це і пообіцяли собі дочитати книгу до кінця. І дотримуйтесь цієї обіцянки. Тоді ви самі відчуєте, що це змінить ваше життя.

2. Можливо, до цього моменту ви вже багато чули про медитацію та її **користь**. Найімовірніше, ви чули купу якихось історій про те, що медитація повністю змінює життя людини і таке інше. Можливо, зараз у вас усі ці очікування є: хочеться дива, швидких результатів, якоїсь магії. Я це розумію, але спробуйте ці очікування відпустити. Насправді не буде жодних чудес та не буде жодних спецефектів. Робота відбуватиметься, але вона йтиме дуже плавно, м'яко та поступово. Я думаю, ви погодитеся, що всі справжні зміни у житті так і відбуваються: дуже плавно, без якихось спецефектів. Ще один момент, пов'язаний із очікуваннями: давайте спробуємо налаштувати себе так, щоб отримувати **задоволення** від самого процесу практики. Не женіться за якимись конкретними результатами, навчіться знаходити задоволення в цій конкретній практиці, яка буде у нас сьогодні.

3. У багатьох людей є така річ, як відкладення на потім. Ми часто будуємо в голові якісь бар'єри та перешкоди на шляху до нашої мети чи до нашої мрії. Люди відкладають свій початок навчання медитації. Їм здається, що зараз вони не

готові, що спочатку треба, наприклад, звільнитися з роботи, щось купити (наприклад, спеціальний одяг, подушку, каремат), або що їм треба поїхати в Гімалаї, тому що медитація можлива тільки там, в якій-небудь печері. Насправді це все зовсім не так. Я хочу, щоб ви усвідомили, що зараз у вас є все для початку занять, ви вже готові. Більше того, оскільки у вас в руках ця книга, то це не випадково, це означає, що внутрішньо ви вже дозріли для початку занять. Тому лишилося тільки почати. Я хочу, щоб ви не відкладали свій розвиток на якесь абстрактне «потім», щоб ви приступали та отримували для себе користь вже зараз. Насправді ці 10-15 хвилин на день, які я раджу приділяти для практики, це раз у 10 менше, ніж звичайна людина проводить у соціальних мережах. Я у вас вірю, у вас це вийде.

Давайте перейдемо до першого заняття, першого розділу.

Розділ 1.
Підготовка, налаштування

Сьогодні ми розпочинаємо наше перше заняття. Можливо, вам уже не терпиться почати. Тому в цьому уроці буде мінімум теорії, ми намагатимемося якнайшвидше перейти до практики. Якщо у вас після цього уроку в голові залишаться якісь питання, не до кінця буде зрозуміло, як правильно виконувати завдання, не засмучуйтесь. Це добре, коли у вас є питання. Але також не забувайте, що у нас з вами попереду ще цілих 12 уроків. І я запевняю вас, що на всі ці питання ви отримаєте відповіді в одному з наступних занять.

Сьогодні ж розберемо 2 базових теоретичних питання, які дозволять нам вже безпосередньо розпочати і зробити нашу першу медитацію разом. Три питання, які ми розберемо сьогодні, це:

1. Місце для медитації.
2. Поза для медитації. Як правильно сидіти?
3. Як правильно дихати під час медитації?

Де медитувати

Перелічу варіанти, які ближчі мені.

1. Там де тихо.

2. Якщо немає тихого місця, то просто знайдіть місце, де плануєте медитувати постійно – частина кімнати, де можна розстелити килимок, покласти подушку або поставити стілець. При цьому обов'язково попередьте ваших співмешканців, що ви медитуєте, і вас деякий час не треба турбувати.

3. Місце сили – я маю на увазі не культові туристичні місця, куди їдуть паломники, а саме ваше місце сили, де вам добре (берег моря, галявина в лісі, дах будинку).

Що стосується мого досвіду вибору місця, то я взагалі медитацію для себе відкрив під час спарингів з карате, вінчюню та бігу. Також практикую під час ходьби. Ще буває медитація у танці, і її я теж практикував. Все це – медитація у русі, і вона мені найближча, але тут її розбирати не будемо, бо до неї потрібна велика підготовка, і практикувати її щодня нелегко.

Зараз я медитую вдома щодня, я маю місце, де роблю фізичні вправи, там я і медитую. Також я практикую медитацію, стоячи на цвяхах, але про це також буде окрема книга.

Де не варто медитувати:

- У ліжку і особливо лежачи – тому що можете заснути.
- Там, де вас можуть потурбувати.

Положення для медитації

Існує кілька варіантів. У цьому уроці розглянемо найпростіший. На інших заняттях будуть розглянуті інші варіанти, наприклад, на підлозі зі схрещеними ногами, та ще якісь елементи, які допоможуть вам знайти оптимальне положення.

Зараз перед вами стоїть завдання – не ускладнювати. Вибрати найпростішу позу, яка буде доступна абсолютно будь-якій людині незалежно від її:

- стану здоров'я;
- ваги;
- віку;
- фізичних обмежень.

Що це за поза? Насправді, мова йде просто про положення сидячи на стільці, на дивані або на якомусь кріслі. Тут є кілька нюансів, про які я вам зараз розповім.

1. Ми **сидимо на краю** крісла, стільця чи дивана. Тут важливо сісти саме на краю. Зверніть увагу на положення ніг. Висота стільця має бути такою, щоб у колінах було приблизно 90 градусів. Це необхідно для того, щоб ноги стояли та давали надійну опору. Стопи притиснуті до підлоги.

2. Момент **положення спини**. Дуже добре, якщо вам вдасться спину тримати прямо. Але якщо ви відчуваєте, що виникає багато напруги в спині від такого положення, то можете спертися об якусь стінку. Але спирайтеся так, щоб спина була прямою. Тобто – не розтікайтеся по дивану або кріслу. Ваше положення має бути досить зручним для того, щоб ви змогли посидіти хвилин 10-15 у такому положенні. Не має бути якогось сильного дискомфорту.

3. Наступне – це **положення рук.** Руки краще просто опустити на стегна, на коліна, або можна покласти долоню в долоню. Важливо, щоб руки були повністю розслаблені. Не тримати їх у висячому положенні. Якщо ви сидите в позі «лотос», то долоні чи зап'ястя можна покласти на коліна. Для більшої концентрації пальці можна скласти в мудри (середній чи вказівний палець з'єднати з великим). Також, якщо носите годинники - їх теж можна зняти. Але найголовніше – вам має бути комфортно їх тримати.

4. **Положення голови.** Голова трохи опущена вниз, тобто ми шию не задираємо. Знаходимо точку приблизно на відстані 2-3 м від себе, ніби ми щось дивимося на підлозі – невеликий нахил. Перевірте обов'язково розслаблення у щелепі. Ми зазвичай щелепу перенапружуємо і це дає загальне м'язове напруження по всьому тілу. Свідомо щелепу розслабте, можна трохи нею поворушити. Перевірте, чи ви не стискаєте зуби. Також для більшої концентрації можете розімкнути губи, так легше сконцентруватися на диханні та прибрати думки.

До речі, я рекомендую розслабляти обличчя не тільки під час медитації – це позбавить вас від зморшок; і слідкувати за зімкнутими зубами, тоді ваша зубна емаль залишиться цілою.

5. **Очі прикриті.** Залишаються закритими протягом усієї практики медитації. Тому буде добре, якщо в тій кімнаті, де ви практикуєте, світло буде приглушеним, або буде темно. Загалом: щоб не було яскравого освітлення, яке вас відволікатиме. Але якщо ви медитуєте на вулиці, то світло не має значення взагалі.

Поширені питання щодо місця медитації

Відповім на запитання, яке мені задають найчастіше: «*Чи можна медитувати лежачи?*» Я добре розумію, що лежачи – це улюблена поза людини в принципі. Теоретично – ТАК. Лежачи медитувати можна. Але це найскладніше становище. Його освоюють в останню чергу, вже після того, як людина опанувала медитацію сидячи, стоячи, при ходьбі. Чому ця поза найскладніша? Тому що ми маємо таку автоматичну реакцію: як тільки ми лягаємо і повністю розслабляємо наше тіло, ми автоматично починаємо засинати. Це зазвичай. Дуже складно зберегти бадьорість та ясність свідомості у положенні лежачи. Саме тому ця медитація набагато складніша, ніж сидіти із прямою спиною. Тому новачкам раджу все-таки намагатися медитувати, сидячи із прямою спиною, а не лежачи.

Є виняток. Якщо сидіти із прямою спиною вам не дозволяє стан вашого здоров'я, є якісь фізичні проблеми, у цьому випадку ви можете медитувати лежачи. Але якщо в цілому фізично ви можете практикувати сидячи, то я раджу вам починати освоєння медитації саме з положення сидячи.

Ще одне часте питання: «*Чи можна протягом практики ворушитися?*» Моя порада: відразу прийняти таке положення тіла, яке буде для вас максимально комфортним та зручним. По можливості протягом практики, особливо спочатку, коли йдеться всього про 10 хвилин роботи, я раджу не ворушитися. Але якщо раптом у вас виник якийсь дискомфорт (якийсь різкий біль, сильно почухалась частина тіла, або затекла нога), і ви відчуваєте, що це дискомфорт для вас досить сильний і він відволікає вашу увагу, то ви можете повільно, усвідомлено змінити положення. Скоригувати його, наприклад: вивільнити ногу, яка затекла, та дозволити їй відпочити. При цьому не перериваючи вашу практику.

Медитація – це не тортури. Певний дискомфорт у процесі сидіння виникає, і це нормально. В одному з наступних занять ми поговоримо про те, що з цим дискомфортом робити і як його використовувати у своїй практиці. Але знову ж таки, наше завдання на самому початку – просто сісти максимально зручно та комфортно. Посидіти в цьому положенні потрібно 10 хвилин, по можливості не рухаючись.

Ще на одне часте практичне запитання: «*У який час краще медитувати?*» Щодо мене: я люблю медитувати вранці після того, як зробив зарядку, але ще до сніданку. Тобто натще. На мій погляд, цей ранковий час до сніданку ідеально підходить для практики, тому що розум вже свіжий, ви прокинулися, але при цьому це ще ранок, і ваш мозок ще не перевантажений проблемами дня, і він досить свіжий і вільний. Також після зарядки тіло гнучкіше і тепліше – вам буде простіше сидіти, не рухаючись зі схрещеними ногами, і якщо в приміщенні прохолодно, то після фізичних вправ вам якийсь час буде тепло. До речі, якщо все ж таки в приміщенні холодно, підготуйте відповідний одяг, щоб не відволікатися на холод.

Ви можете медитувати в той час, коли вам зручно. Так, у кожного своє життя, свій графік, свої обов'язки. І якщо, наприклад, у вас на роботі є якийсь затишний куточок, де вас ніхто не турбує, ви можете медитувати у себе на роботі вдень. Або ви можете медитувати, повертаючись із роботи додому, якщо у вас там також є можливість посидіти попрактикувати. Ви можете використати цей час. Раджу вам поекспериментувати:

- спробувати вранці;
- спробувати вдень;
- спробувати ввечері.

Знайдіть для себе оптимальний варіант, який працюватиме саме для вас.

Також часто мене запитують: «*Чи можна медитувати кілька разів на день?*» Моя відповідь: «*Звичайно ж, ТАК!*» Це буде дуже добре для вашого психічного стану, для вашого настрою, внутрішньої рівноваги. Ідеально розпочинати свій день з медитації вранці та завершувати свій день хоча б короткою медитацією ввечері, перед тим, як відійти до сну. Ви самі помітите, як це вас врівноважуватиме і стабілізуватиме. Є думка, що мозок перезбуджується після медитації, і тому важко заснути, але по собі я цього не помітив, а Вам рекомендую поекспериментувати з часом і підібрати потрібний і зручний для вас період доби індивідуально.

Як правильно дихати

Я хочу, щоб ви зараз глибоко запам'ятали дві речі, які потрібно знати про дихання під час медитації.

1. Це **дихання носом**. Ми дихаємо через ніс. На початку практики я пропоную зробити 2-3 глибокі вдихи через ніс і видих через рот. Але ці два-три дихання ми робимо виключно для налаштування, щоб з цим видихом через рот відпустити всю зайву напругу і розслабитися. Після цього ми вже протягом усієї практики дихаємо через ніс: вдих і видих.

2. **Дихання природне**. Протягом усієї практики дихання – максимально природне, розслаблене та вільне. Вам важливо це усвідомити. Ми не намагаємося зі своїм диханням нічого робити з власної волі. Ми не намагаємось його контролювати. Нам не потрібно його заглиблювати спеціально, або навпаки – коротити. Ми просто спостерігаємо те дихання, яке є зараз. І ви помітите, що протягом практики дихання змінюється: воно може ставати більш глибоким і плавним, або навпаки – стає більш частим і поверхневим. Це все нормально. Дихання – живе, і кожен момент дихання живе своїм життям та змінюється. Ми просто це спостерігаємо, ніяк не намагаємося це контролювати, не втручаємось у цей процес. Медитація – це не дихальна гімнастика чи дихальна практика. Тому ми просто відпускаємо свою хватку, спостерігаємо своє спокійне та природне дихання.

Власне, практика медитації, якою ми займатимемося, полягає у спостереженні нашого спокійного природного дихання. Це найпоширеніша техніка медитації у світі. Її практикують мільйони людей. І знову ж таки, ми спостерігаємо своє природне вільне дихання, ніяк не втручаючись і не намагаючись його контролювати. Дихання через ніс - дихання повністю автономне, природно живе своїм життям. Якщо дихання протягом практики змінюється – це нормально, ми це просто спостерігаємо.

Підготовка

Ну, і насамкінець, кілька слів про те, як проходитиме наша практична частина медитації. Після того, як ви влаштуєтеся в комфортному положенні, починайте практику. Закрийте очі. В ідеалі знайдіть якесь місце, в якому протягом 10 хвилин вас ніхто не потурбує. Переконайтеся, що ви поставили свій телефон на «Авіарежим» або вимкнули, щоб вас ніхто не потурбував.

Просто сідайте, прикрийте очі та медитуйте. Намагайтеся протягом цієї практики не відволікатися. При цьому ваше завдання – не засинати, постарайтеся не заснути. Медитація зазвичай дуже розслаблює. Ви вчитеся розслаблятися на рівні зовнішньому, на рівні фізичного тіла. Але при цьому внутрішня наша свідомість залишається гострою, ясною і бадьорою. У той же час докладіть зусиль, щоб не обмірковувати щось, це не допоможе вам у медитації. Якщо ви відчуваєте, що ваш розум надто активний, що він завалює вас якимись своїми думками, питаннями тощо, згадайте відомі слова Скарлетт О'Хара, героїні культового роману «Віднесені вітром», і просто внутрішньо собі скажіть: *«Добре. Я про все це подумаю згодом, після медитації»*.

Техніка «Сканування відчуттів у тілі»

Ну, і тепер коротко пройдемося по процесу медитації. Спочатку ми робимо невелике налаштування для того, щоб підготуватися, відпустити всі непотрібні думки, напруження та турботи. Після цього переходимо до такої техніки, яка називається **«Сканування відчуттів у тілі»**. Завдання: просто переміщати свою увагу всередині різними частинами тіла, наче скануючи себе. Скануватимемо зверху, з верхівки голови, і підемо поступово вниз, поки не дійдемо до пальців ніг. Ваше завдання – просто переміщати свою увагу на різні частини тіла.

Наприклад, коли ми переміщуємо свою увагу на долоню, наше завдання – вловлювати всі ті відчуття, які зараз є в ній. Причому ці відчуття – звичайнісінькі. Тобто, не треба шукати чогось дуже яскравого, магічного та позамежного. Це звичайнісінькі відчуття:

- жар;
- якісь поколювання;
- потовиділення;
- холодок;
- тертя;
- що завгодно.

Навіщо ця техніка потрібна: ми фокусуємося на стані різних м'язів тіла і прибираємо затиски, так нам буде зручніше медитувати, і м'язові затиски нас не відволікатимуть. Ми робимо техніку "Сканування відчуттів у тілі" як підготовку. Про цю техніку ми детальніше поговоримо далі. Я докладно поясню різні нюанси. Зараз необхідно, щоб у вас з'явився якийсь свій внутрішній особистий досвід.

Після сканування відчуттів у тілі ми вже перейдемо безпосередньо до самої техніки медитації, яка полягатиме, як я вже казав, у спостереженні свого розслабленого дихання.

Ще раз повторю: суть цієї медитації – спостерігати та контролювати своє розслаблене дихання.

Правильне завершення медитації

Після закінчення практики повертайтеся до звичайного ритму життя не поспішаючи. Тобто після того, як закінчилася медитація, посидіть ще хоча б хвилинку спокійно. Можна розплющити очі. Дуже важливо зберегти плавність, яку ви у процесі практики напрацьовуєте.

Щоденник медитації

Я хочу надихнути вас вести щоденник медитації. Для чого це потрібно?

1. По-перше – це вас дисциплінуватиме. Ви вже пообіцяли собі пройти ці 10 занять, і щоденник допоможе вам виконати цю обіцянку, дану самому собі.

2. По-друге, важливий практичний момент: щоденник допоможе вам відстежувати, які зміни відбуваються з вами у процесі та в результаті медитації. Як змінюється ваш стан: на рівні тіла, на рівні емоційному, на рівні вашого стану свідомості.

3. Також дуже корисним буде записувати інсайти, що надійшли під час або після медитації. Дуже часто буває так, що ми маємо невирішене питання, над яким ми постійно думаємо. І медитація, звільнивши нашу підсвідомість від думок, може нам підкинути відповідь на ваше запитання. І ці відповіді краще записувати, щоби не забути.

Важливо, щоб ви бачили, що практика медитації справді щось змінює у вас усередині, щось змінює у вашому житті. Тоді вам буде все легше і легше знаходити час для медитації, тому що ви самі бачитимете, що вона насправді працює, і вас у цьому вже не треба переконувати. Ви бачите це. Ви цьому приділятимете час.

Записувати все це можна в зошит, щоденник, електронні програми або якщо буде багато бажаючих, я розроблю спеціально для вас спеціальний щоденник медитації.

Домашнє завдання до розділу 1:

- Попрактикуйте техніку «Сканування відчуттів у тілі».
- Заведіть та почніть вести «Щоденник медитації».

Розділ 2.
Техніка розслаблення
«Сканування тіла для новачків»

Я радий, що ви перейшли до другого заняття з медитації. Але, перш ніж приступити до вивчення нової інформації, дайте відповідь на запитання: «Як пройшло ваше перше заняття?» Можливо, ви вже за ту коротку медитацію змогли відчути:

- почуття спокою у голові;
- розслаблення у тілі;
- трохи більше ясності;
- трохи більше радості.

Можливо – навпаки: ви нічого такого особливого не відчули від першої медитації. Вам було складно, нудно, атакували нав'язливі думки. Як би там не було, я хочу, щоб ви згадали, про що ми говорили на самому початку: не ставитися надто серйозно до медитації, особливо коли йдеться про перші заняття. Не робіть поспішних висновків. Ви зібралися пройти всі 10 занять, і давайте ми пройдемо їх разом. І тільки потім зробите собі якісь висновки.

У цьому розділі ми детальніше поговоримо про техніку **«Сканування відчуттів у тілі»**. З цього ми розпочали процес медитації. Наскільки добре у вас виходило вловлювати відчуття у різних частинах тіла? Ця техніка не надто складна, але у новачків вона викликає низку труднощів.

Проблеми з відчуттями у частинах тіла

Перша проблема в тому, що десь ми усвідомлюємо наші відчуття досить добре, а десь ми практично нічого не сприймаємо. А десь нас наздоганяють неприємні відчуття. Пропоную вам зробити невеликий тест для того, щоб краще розуміти, про що йдеться. Цієї миті просто прикрийте очі. На кілька подихів зануріть увагу всередину. Зробіть спокійний вдих і видих, відпускаючи всю напругу та розслаблення. Внутрішньо перенесіть свою увагу на стопи. Спробуйте відчути, які відчуття ви зараз усвідомлюєте у:

- стопах;
- колінах;
- животі;
- боках;
- спині.

Плавно розплющте очі і спробуйте вловити відчуття в голові, на обличчі, в долоні, в кистях і пальцях. Можливо, ви помітили, що відчуття в голові, в обличчі та в руках уловлювати набагато простіше, ніж відчуття, скажімо, у животі, боках чи спині? Як ви вважаєте, чому це відбувається? Це не через те, що в животі чи ногах слабша чутливість, ніж у голові. Просто сучасна людина живе постійно у своїй голові. Вся наша енергія у ній. Тому ми зазвичай дуже добре відчуваємо все, що пов'язано з головою. Ми постійно використовуємо свої руки: щось друкуємо, працюємо. Отже, немає жодних проблем, щоби вгадати відчуття в руках.

Але решту тіла ми відчуваємо досить приглушено. Саме в медитації ми вчимося повертати свою увагу в тіло для того, щоб:

- краще познайомитися зі своїм тілом;
- краще його усвідомлювати;
- покращити нашу тілесну усвідомленість.

Навіщо потрібна техніка «Сканування тіла»

Ми погано усвідомлюємо відчуття не тому, що їх немає, а тому, що наша увага ще недостатньо гостра, щоби ми їх відчували. Нервові закінчення є абсолютно скрізь, вони опоясують кожен наш внутрішній орган, всі частини тіла. Але десь ми їх відчуваємо гірше, бо не вистачає гостроти нашого сприйняття, нашої уважності. Медитація вчить робити увагу гострішою і проникливою. Саме про це йтиметься сьогодні. Намагатимемося попрактикувати отримані знання в медитації.

Спочатку я відповім на запитання, яке, можливо, ви зараз задаєте. *«Яке має відношення до наших занять медитацією ця техніка сканування відчуттів у тілі загалом? До чого тут медитація?»* Це гарне питання. Є три причини, чому ми про це говоримо.

1. **Перша причина** полягає в тому, що техніка «Сканування відчуттів у тілі» – це дуже хороша підготовча техніка для подальшої медитації. Чому підготовча? Тому що у звичайному житті наша увага звернена назовні, нам набагато цікавіше, що там відбувається у цьому зовнішньому світі. Постійно дивимося назовні, слухаємо *«Що там, де?»* Ми живемо, і всі органи сприйняття звернені назовні. Медитація – це поворот вектора уваги на 180°. Наше завдання у медитації – усю свою увагу звернути всередину, насамперед, у своє тіло, подивитися, що відбувається у нашому внутрішньому світі. Саме техніка сканування відчуттів допомагає дуже ефективно зробити це. Коли ми краще відчуваємо своє тіло, ми звертаємо свою увагу всередину, і це дуже добре допомагає в подальшій практиці медитації.

2. **Друга причина.** Ця техніка допомагає нам краще відчувати своє тіло. Наше тіло живе, воно складається з кількох мільярдів клітин, і кожна клітина також жива, живе своїм життям, вібрує. І насправді наше тіло дуже мудре і постійно надсилає нам певні сигнали, говорить з нами. Але люди настільки зайняті, так загрузли у своїх думках, що втратили цей контакт із тілом і просто перестали слухати та чути те, що тіло намагається нам донести. Якби ми краще усвідомлювали та відчували своє тіло, то, наприклад, вчасно могли б вловити, наскільки комфортно ми сидимо. Можливо, настав час змінити становище, потягнутися чи зробити перерву у роботі. Ми би краще вловлювали сигнали свого тіла, наскільки голодні чи хочемо пити. Буває навпаки: ми їмо, але тіло насправді не відчуває потреби. Ми не голодні. Просто у своє тіло щось засовуємо, а голоду нема. Чому це люди роблять? Тому що ми не чуємо та не

контролюємо тіло. А при найменшому першінні в горлі або неприємних відчуттях у носі можемо розпізнати хворобу, і вчасно, більш щадними процедурами вилікувати застуду, не доводячи її до хронічної стадії, лікувати її антибіотиками або лежачи в стаціонарі. Встановивши глибший контакт зі своїм тілом, ми починаємо жити у більшій гармонії із природою свого тіла.

3. **Третя причина** важливості техніки сканування полягає у розслабленні. Насправді, можливо, ви це помічали, щоразу, коли свідомо чи несвідомо переносимо нашу увагу з голови на тіло, ми відчуваємо розслаблення. Наприклад, коли займаємося йогою, робимо ранкову пробіжку, йдемо в спортзал (на плавання, в лазню, масаж) – усі ці техніки та прийоми допомагають краще відчути своє тіло, вони автоматично дають нам глибоке розслаблення. Це використовуємо і в медитації: коли скануємо тіло, автоматично все тіло розслабляється. Можливо, цей ефект ви вже відчули, але тепер зверніть на нього особливу увагу. У міру сканування тіла воно розслабляється все глибше і глибше.

Робота з відчуттями

Сканування відчуттів у тілі – це основа, фундамент. Будь-яка медитація починається саме з того, що увагу, розпорошену по 1000 різних предметів зовні, збираємо поступово всередину.

Починаємо ми з усвідомлення свого тіла. Як було сказано в попередній главі, сканування різних частин тіла виконується від верхівки голови вниз, поступово доходячи до пальців ніг. На цей раз підемо ще трохи глибше – виконаємо друге коло. По такій же траєкторії опрацьовуємо різні частини тіла, але вдруге зупиняємося на кожному з них трохи довше. Робиться це для того, щоб максимально дослідити, які відчуття ви фіксуєте у тій чи іншій частині тіла.

Даю кілька пояснень, *«Як правильно працювати із цими відчуттями».*

1. **Перше**, що потрібно запам'ятати – відчуття не потрібно вигадувати. Досліджуємо ті відчуття, які є зараз, у цей момент. Як я вже писав, все тіло живе, і все воно вкрите нервовими закінченнями, рецепторами. Тобто відчуття насправді є скрізь, і вони є прямо зараз. Їх не слід якось самому собі вигадувати. Наше завдання полягає в тому, щоб спостерігати, досліджувати, спробувати усвідомити, що і де ми відчуваємо. Виходячи з тексту вище, розуміємо, що десь відчуття ми фіксуємо набагато простіше, наприклад, голова та руки. Десь трохи складніше, десь – ледь помітно. А можливо, є якісь сліпі зони, де, як здається, навіть ніяких відчуттів немає. Це нормально. З цього приводу не переживайте, тут справа в якості і гостроті вашої уваги. Це тренування. І з кожним наступним тренуванням, з кожною медитацією ви помічатимете, як увага стає все більш гострою. Ви почнете усвідомлювати відчуття там, де раніше ви їх відчували погано або взагалі не фіксували. Але важливо просто спостерігати те, що є, не вигадуючи нічого від себе.

2. **Другий** важливий момент – не треба шукати чогось особливого. Часто після першої практики у вас можуть виникнути думки: *«Ми намагалися спостерігати відчуття, але нічого не відчували».* Тут я вас запитаю: *«Невже зовсім нічого? Жодних відчуттів не було?»* Швидше за все, відповідь буде такою: *«Ні. Ну щось таке було: десь поколювання, десь чухання; я відчував, що там крапелька поту стікає по спині. Але не було нічого незвичайного».* Нагадую: ми не шукаємо нічого незвичайного. У нас немає завдання в цих відчуттях знайти щось визначне, яскраве, феноменальне і таке інше. Ні, йдеться про звичайнісінькі відчуття. Вони можуть бути різними: відчуття жару, холоду, прохолоди, тертя, поколювання або пощипування. Ви можете відчувати, наприклад, що починає німіти нога, це теж певні фізичні відчуття, звичайнісінькі.

3. **Третє,** про що я хочу сказати: не треба відчуття, які фіксуєте, якось аналізувати та інтерпретувати у себе

всередині. Тому що аналіз – це улюблене заняття нашого розуму. Він дуже любить поміркувати на тему чого завгодно. У новачків часто виникає така проблема, що вони починають ці відчуття не лише просто спостерігати, а й прокручувати, аналізувати. Наприклад, *«У правій лопатці я відчуваю одне, а лівій – інше. Цікаво, в чому річ? Можливо, є вроджена асиметрія? А ось тут я відчув якесь поколювання. Можливо, мені треба...»* Стоп. Скажіть СТОП такому аналізу. Ми просто спостерігаємо відчуття. Ми не намагаємося з цього щось зрозуміти, зробити якусь картину, провести внутрішню діагностику. Якщо ви помічаєте внутрішню балаканину, що вона починається, просто зупиняємо її. Потрібно лише **спостерігати** відчуття.

4. **Останній момент** щодо відчуттів – не напружуємося. Робимо все через спокійне, легке та розслаблене ставлення. Переходимо від однієї частини тіла в іншу, переключаючи свою увагу без напруги.

Пропоную згадати наш загальний підхід до практики як до тренування. Цей розділ – це просто ще одне тренування. Ми вчимося, ми освоюємо нову навичку. Це не іспит, показові виступи чи змагання. Тому якщо сьогодні у вас щось не вийде ідеально або так, як ви хотіли, страшного нічого немає. Кожне наше наступне заняття ми розпочнемо з цієї практики «Сканування відчуття в тілі». Ви помічатимете, як з кожним наступним разом ваш розум і увага ставатимуть все більш гострими. Станете вловлювати відчуття дедалі більше, дедалі глибше. Навіть там, де зараз, можливо, ви їх не відчуваєте.

Ну, і перш ніж перейти безпосередньо до медитації, відповім на ще одне часте питання, яке виникає у новачків: *«Що робити, якщо протягом медитації ви відчуваєте, що тіло починає погойдуватися?»* Це досить часте явище. Похитування можуть бути вперед-назад, ліворуч-праворуч, якісь варіанти по колу, і в цьому немає нічого поганого і страшного. Похитування тіла, найчастіше, означають, що ви в медитації розслабилися досить глибоко, і ці рухи здійснює саме тіло.

Вам із цим не треба нічого робити. Просто продовжуйте свою практику і не звертайте на це жодної уваги.

<u>Домашнє завдання до розділу 2:</u>

Тепер можна переходити до практики. Так само, як і вчора, влаштуйтеся зручніше. Знайдіть собі якийсь куточок, де вас ніхто не потурбує найближчі кілька хвилин. І починайте медитувати. Я вам бажаю гарного, красивого та глибокого занурення всередину себе. Дякую.

Розділ 3.
Що таке медитація?

Це наше третє заняття, і воно дуже важливе, бо поговоримо про те, що таке насправді медитація і як правильно її виконувати. Але спочатку я вам розповім про найпоширенішу помилку, яку зустрічаю дуже часто. Багато людей часто вважають, що завданням медитації є зупинка думки. Вони думають про медитацію так: просто сідаємо на підлогу і ні про що не думаємо. Звичайно, в цьому випадку нічого у них не виходить. Виникають скарги. Чому не виходить? Тому що ми сідаємо, і в голові багато думок, ми намагаємось якось їх контролювати, зупиняти, і в нас нічого не виходить. Поставлю запитання: «А хто вам сказав, що їх взагалі треба контролювати? Що їх треба зупиняти? У медитації ми не маємо такого завдання. Ми не намагаємося зі своїми думками щось робити: контролювати, зупиняти чи сповільнювати. Чому? Тому що, насправді, це не наші думки. Вони просто є: приходять самі собою, а через якийсь час йдуть, просто зникають.

Ми можемо провести короткий експеримент: на 10 секунд прикрити очі та спробувати повністю зупинити думки. Усі думки в голові просто вимкнути. Ні про що не думайте зараз. І все ж таки зверніть увагу – про що ви зараз думаєте? Швидше за все, у ці кілька секунд, коли я попросив ні про що не думати, ваш розум почав думати ще більше. Приходили, можливо, такі думки: *«Так, а виходить у мене чи ні? А чи є в мене думки чи ні?»* Насправді, ця спроба зупинити внутрішній діалог призводить лише до більшої напруги та потоку думок. У медитації нам не потрібно нічого робити з думками. Немає завдання їх контролювати та зупиняти. Тому що це:

- по-перше – неможливо;
- по-друге – безглуздо.

Можливо, ви якраз прийшли на медитацію із запитом заспокоїти розум, заспокоїти цей божевільний потік думок.

Ймовірно, саме на це ви чекаєте. Справді, регулярна практика медитації робить наш розум набагато спокійнішим. Але це відбувається не через заборону про щось думати, а через природне розслаблення, очищення та заспокоєння розуму. Через деякий час після регулярної практики ви помітите, як у медитації ваш розум заспокоюватиметься. Але не тому, що ви хочете зупинити потік думок. Просто це відбувається природним чином.

Ми вже з'ясували, що медитація – це не про контроль чи зупинку думок. У чому полягає медитація? Насправді, на даному етапі нашого навчання достатньо запам'ятати лише дві речі:

1. Медитація – це розвиток здатності до спостереження.

2. Медитація – це розвиток навички управління своєю увагою, спостереженням.

Зверніть увагу, я говорю саме "навик". Це не вроджена здатність, не талант або дар. Ця навичка тренується на практиці. Сьогодні ми поговоримо трохи докладніше про це.

Навичка спостереження

Розвиток досвіду спостереження ми тренуємо в медитації. Важливо зайняти правильну позицію, мати правильний настрій щодо практики. Цей настрій – спостереження. Зовсім не контроль, не зупинка, а спостереження. Ми просто спостерігаємо, що відбувається зараз. Усередині нашого тіла ми спостерігаємо фізичні відчуття, звуки, запахи, все, що потрапляє до наших органів сприйняття. Все, що відбувається у нас усередині на емоційному та інтелектуальному рівні. Думки приходять та зникають. Емоції приходять та віддаляються.

У цьому розділі ми докладно поговоримо про спостереження за думками, але в наступних заняттях говоритимемо про спостереження за емоціями. Що означає спостерігати? Це означає просто дозволяти цьому бути, давати простір, дозволяти відбуватися. Не втручатися, не намагатися якось придушувати, змінити, вплинути на те, що відбувається, і тим більше – не намагатись щось зупинити чи контролювати. Просто спостереження. Важливо зайняти таку позицію як у вченого. Вчений проводить якийсь експеримент у лабораторії, досліджує, яким буде результат цього експерименту. Його ставлення до цього процесу неупереджене. А якщо він почне щось додавати, тоді він уже перестає бути вченим. Дуже важливо зберігати позицію безпристрасності та неупередженості. Саме в такій позиції нам треба бути у медитації – просто у позиції спостереження за тим, що є.

І дуже важливе усвідомлення, яке приходить у медитації, це те, що все постійно змінюється. Навіть за коротку десятихвилинну медитацію ви самі на власному особистому досвіді можете в цьому переконатися. Зверніть увагу в наступній медитації: за ці 10 хвилин все перебуває у постійній зміні руху. Змінюються фізичні відчуття в тілі: спочатку було комфортно, потім, можливо, десь виник дискомфорт, потім цей дискомфорт зростає, кудись переходить в інше місце. З'являються нові фізичні відчуття, яких раніше не було. Зверніть увагу на думки. Вони також постійно змінюються. Неможливо просидіти 10 хвилин із однією думкою в голові – постійно змінюються емоції та настрій. За ці 10 хвилин ми можемо пережити цілу гаму емоцій і станів: від смутку та туги до безпричинної радості; від стану дуже активного неспокійного розуму можемо дійти до стану умиротворення. Все змінюється. Просто спостерігайте цю мінливість!

Техніка "Спостерігач"

Давайте тепер поговоримо про те, як правильно медитувати. Дуже важливе питання. Поки я вчився медитувати, до мене приходило дуже багато різних образів та метафор, за допомогою яких я сам собі пояснював, як працювати з думками під час медитації. Це приклади, які допомагають досить складні речі пояснити простою мовою, один з них мені дуже подобається. Він добре показує, що треба робити в медитації.

Уявіть центр великого міста. Ви стоїте на оглядовому майданчику з видом на велику вулицю, якою їздять автівки, центральну площу, якою гуляє багато людей. Там є магазини, ресторани, вулична їжа, музиканти. Ми стоїмо із зав'язаними очима і не бачимо всього цього. Але крім зору ми маємо інші почуття:

1. Відчуваємо вібрації.

2. Чуємо звуки музикантів, спів птахів, голоси людей і шум автівок, що проїжджають.

3. Уловлюємо запахи їжі в кафе, запах квітів.

Ми розуміємо, що щось відбувається, але все це перетворюється на кашу без візуальної інформації. Що відбувається у медитації? У медитації ми залишаємося на тому ж місці, але знімаємо з очей пов'язку і починаємо дивитися, що відбувається навколо. Що ми бачимо? Люди гуляють вулицею, спілкуються. Вони вдягнені в різний одяг і поводяться по-різному. Хтось йде один, а хтось у компанії, у кожного свої справи. Автівки їздять по дорозі. Одні їдуть в один бік, інші – у зворотний. Звичайна автомобільна дорога. Птахи літають над площею, а деякі сидять на гілках і співають. І уявіть собі, що ці люди, птахи, автівки – це ваші думки. Наше завдання – лишатися стояти і просто спостерігати, як на горизонті з'явилася одна автівка проїхала, зникла. Людина вийшла з магазину, пройшла площею і зникла за будинком. Пташка пролетіла повз вас. Ми лише спостерігачі.

Іноді виникають питання про те, що медитація робить людину неспокійною. Наприклад, він каже, що тільки-но сідає медитувати, як в голові відразу ж з'являється багато божевільних думок. Насправді важливо зрозуміти, що сама собою медитація ніяких нових думок не додає в голову. Вона нічого не приносить. Це просто медитація. Ми знімаємо цю пов'язку, яка була раніше у нас на очах, і тепер ясніше бачимо, що відбувається всередині. Цей божевільний потік думок був із нами завжди. Просто раніше ми це не помічали, а в медитації ми починаємо це бачити явніше, зрозуміліше.

Хочу одразу також проговорити такий момент. Не все, що ви побачите там, вам сподобається. Якісь об'єкти-думки будуть вам неприємні. Можливо, ви будете здивовані, коли побачите щось таке всередині. Насправді спливає багато всього різного. Це можуть бути різні стани:

- гнів;
- спогади;
- продумування плану дня;
- діалоги з людьми, яких немає поряд;
- стурбованість;
- нав'язливі думки;
- нав'язливі ідеї;
- пригнічені емоційні стани.

Не дуже приємно на все це дивитися. Неприємно визнавати, що це все є всередині. Важливо не звинувачувати себе в тому, що ти є, тому що кожна людина має негативні думки і стани.

Принцип визволення

Другий момент. Я хочу, щоб ви усвідомили принцип визволення від непотрібного вантажу. Цей принцип складається із двох фаз:

1. Перша фаза – усвідомлення.
2. Друга фаза – відпускання.

Тут є такий закон: ми можемо відпустити лише те, що ми усвідомлюємо у медитації. Йдеться про неприємні емоції, негативні переживання, які у всіх є. З кожним роком ми все це в собі накопичуємо та накопичуємо. У нас усередині накопичується стрес і напруга, якісь травмуючі ситуації. Коли ми сідаємо медитувати, все виходить назовні, і ми з цим стикаємося. І дуже важливим є все те, що відбувається з вами в медитації, це дуже важливий процес очищення. Я хочу, щоб ви ставилися до медитації, як до процесу очищення, вивільнення. Перша стадія очищення – усвідомлення. Якщо ви не усвідомлюєте, що у вас є всередині, як ви можете це відпустити – це просто неможливо. Тому, якщо в медитації ви стикаєтеся з чимось, що для вас неприємно (можливо, трохи болісно), то порадійте цьому. Ви це усвідомлюєте. А це означає, що тепер ви можете бути від цього вільні.

Погані та добрі емоції

Докладніше «відпускання» розглянемо в одному з наступних розділів. Ми поговорили про негативні, хворобливі стани та емоції, з якими ви можете зіткнутися у медитації. Важливо залишитися у позиції спостерігача. **Залишитися на оглядовому майданчику у позиції спостерігача.** Не намагатися зупиняти думки, не намагатися якось контролювати їх.

Але можлива і зворотна ситуація. До вас можуть приходити якісь думки, емоції та стани, які дуже надихають та радують. Природно, вам хочеться піти за ними, йдучи з позиції спостерігача з оглядового майданчика на проспект до людей. Це може бути все, що завгодно. Можливо, ви сидите в медитації і вас захопила приємна думка. Наприклад, *«Що я буду їсти сьогодні на сніданок?»* Так хочеться про це подумати, пофантазувати і уявити якісь картинки своїх улюблених страв. Або це можуть бути думки: *«А де я проведу свою наступну відпустку?»* Все що завгодно. Дуже важливо відстежити та повернути себе на позицію спостереження.

У контексті захоплення думкою до мене прийшла така метафора: я стою на балконі, а сусід знизу надуває і запускає повітряні кулі. Вони різного кольору та розміру. Дуже барвисті і пролітають повз мене і дуже близько. Так близько, що я можу схопитися за мотузку. Але є такі кулі, які більше за мене, і якщо за них ухопитися, вони можуть мене за собою потягнути, і я з ними полечу. Відлітати нам не треба. Нам треба тільки спостерігати за ними, як вони злітають, пролітають повз нас і ховаються у хмарах.

Хочу нагадати ще раз: наше завдання в медитації – розвивати здатність навички до спостереження, будучи неупередженим. Що означає неупереджений? Ви не намагаєтесь регулювати рух автівок на дорозі, просто спостерігаєте збоку. Ми не хапаємося за кульку, що пролітає повз нас, не тримаємо її, не відлітаємо з нею. Але спочатку вас це нітрохи не повинно засмучувати і бентежити. Йдеться про звичайне тренування. Відбувається зворотнє – ми йдемо з позицій спостереження на оглядовому майданчику. Ми не спускаємося вниз на площу і не починаємо взаємодіяти з людьми та машинами.

А це ваш діалог із думками:

- ця думка мені подобається;
- це страх;
- мені не подобається;
- мені неприємно;
- я хочу її прогнати;
- а це мені подобається;
- це мені не подобається.

Наші перші медитації мають такий вигляд: одне ми хочемо до себе наблизити, інше – від себе відштовхнути. Щоразу, коли в медитації ви усвідомлюєте, що втратили позицію спостерігача, просто згадайте про це і тонким м'яким зусиллям поверніться назад на оглядовий майданчик у позицію спостерігача.

Позиція «спостерігача»

Тепер розберемося, як утримувати себе у позиції спостерігача, як залишатися на оглядовому майданчику. Секрет полягає в тому, що ми стежимо за нашим подихом. Дихання – об'єкт медитації. Мільйони людей у світі практикують саме цю техніку. І це не випадково, тому що дихання – це ідеальний об'єкт для медитації, спостереження. На це є декілька причин:

1. **По-перше,** це наш внутрішній об'єкт. Тобто нам не треба носити із собою щось, на чому ми концентруватимемося. Дихання завжди з нами.

2. **По-друге,** дихання завжди відбувається зараз. Ми не можемо дихати в минулому чи дихати у майбутньому. Прямо зараз є саме цей вдих, і зараз є видих. Наступного моменту це вже буде інший вдих і видих.

3. **По-третє,** його можна рахувати і концентруватися на рахунку вдихів та видихів

Увага на кінчику носа

Коли ми спостерігаємо та усвідомлюємо своє дихання, ми свою свідомість та увагу утримуємо на існуючому моменті часу. Зверніть увагу на такий цікавий феномен: ми не можемо одночасно усвідомлювати своє дихання зараз і паралельно думати про щось інше. Ви можете провести експеримент: якщо ви контролюєте своє дихання, ви не можете відволікатись на думки про сніданок. І навпаки, коли ви відволіклися на якісь переживання, плани, думки чи спогади, у цей момент ви втратили усвідомленість свого дихання.

Тому розуміння дихання ставить вас на позицію спостереження за собою. Теоретично начебто нічого складного. Але, на практиці ви відчуєте, що складно:

- утримувати свою увагу на даному моменті;
- усвідомлювати дихання;
- не відволікатися;
- концентрувати увагу на кінчику носа;
- не реагувати на те, що відволікає.

Ви повинні налаштуватися. Це лише тренування, і ніхто не казав, що буде легко. Насправді медитація на перших етапах може виглядати як щось дуже нудне і стомлююче. Все зводиться до того, що ви розумієте, що знову відволіклися. Необхідно тонким та м'яким зусиллям повернути свою увагу назад на дихання. Знов відволіклися – **повернулися**. У цьому і полягає тренування.

Це і є медитація: не якесь абстрактне бажання зупинити думки, яке ще ні в кого не вийшло, а саме робота над собою. Саме це є «прокачуванням» навички управління своєю увагою. З кожним таким поверненням уваги назад до дихання ви цей м'яз уваги усвідомленості тренуєте. Якщо ви це робите регулярно, побачите, що є прогрес і є результат. І якщо у вас виходить спостерігати за своїм диханням, неупереджено спостерігати «натовп людей на площі», то природним чином це призведе до того, що «площа спорожніє», стане тихіше, і буде чути спів птахів.

Наприклад, спочатку ви спостерігаєте якусь автомагістраль по 6 смуг у кожну сторону. З кожним тренуванням траса поступово перетворюється на спокійний путівець, польову дорогу. Нею іноді проїде вантажівка з якоюсь думкою, або проїде мотоцикл. Звичайно, тепер виникають паузи, коли на «дорозі» нічого не відбувається. Це і є та безмовність, внутрішня тиша, до якої медитація може вас привести. Не завжди це виникає відразу, швидко та просто. Насправді тут є цінним сам процес. Згадайте, про що ми говорили: ми не фокусуємось на результатах, ми намагаємося отримувати задоволення від самого процесу.

Тому сьогодні в медитації налаштуйтеся на позицію спостереження, чесну практику з тренування своєї уваги. І якщо щось, якісь думки, якісь переживання, страхи, болючі спогади спливатимуть, то згадайте принцип звільнення. Спочатку ми маємо це усвідомити, і лише після цього ми можемо це відпустити. Це сприятливий процес: звільнення від накопиченого вантажу, очищення.

Те, про що ми з вами говорили сьогодні, насправді має величезне практичне значення для вашого життя. Тому що, якщо ви навчитеся керувати своєю увагою, то у вашому житті це дасть величезну користь.

1. Ви зможете краще фокусуватися на цілях.

2. Виставляти пріоритети.

3. Ставити цілі та їх добиватися.

4. У житті стане менше відволікань, менше суєти та стресів.

Стреси часто з'являються просто через те, що ми не вміємо своєю увагою керувати.

Домашнє завдання до розділу 3:

Я хочу, щоб техніку **«Безпристрасне спостереження»**, яку ми сьогодні освоювали, ви практикували протягом дня, щоразу, коли про це згадували. Можна робити її на роботі, за кермом автомобіля, у пробці, вдома, навіть спілкуючись з іншою людиною або просто прогулюючись парком. Ви можете вловити, що в голові постійно відбувається якийсь процес, приходять і потім віддаляються якісь думки. Спробуйте хоча б на кілька подихів згадати, про що ми говорили сьогодні – «позицію спостереження та усвідомлення свого дихання», та поспостерігати. Ось прийшла думка, ось вона є, ось вона пішла геть. Зверніть увагу, як ця практика переходить у позицію спостереження, позначається на вашому стані, вашому настрої. Пробуйте.

Розділ 4.
Що потрібно робити у медитації?
Як правильно медитувати?

Я радий, що ви продовжуєте йти до своєї мети. У цьому розділі ми продовжимо наші заняття з медитації.

У минулому розділі ми говорили про те, в чому полягає сама суть медитації. Якщо пам'ятаєте, думки не треба контролювати, і потрібно відмовитись від самої спроби зупинити їх, бо це все одно не вийде. Це марно. Ми з вами обговорили позицію спостерігача. Було наведено приклад із оглядовим майданчиком, із жвавою дорогою. Що ми на ній робили? Ми просто сидимо і спостерігаємо за автівками, що проїжджають. «Автівки» – це, насамперед, наші думки. Але не тільки. Це також емоції, які змінюють одна одну. Крім того, це також фізичні відчуття у нашому тілі.

Для багатьох приклад із оглядовим майданчиком та площею добре прояснює, у чому полягає медитація. У той же час у моєму житті зустрічаються люди, для яких цей приклад здається чимось абстрактним. Але чим конкретно займатися на медитації – не до кінця зрозуміло.

Техніка «Кольорові кола»

Сьогодні ми поговоримо про конкретику: «*Чим саме треба займатися на медитації? Що відбувається всередині у процесі медитації?*» Я постараюся роз'яснити, у чому ж, власне, полягає наша внутрішня робота у практиці медитації. Спробуємо додати невеликий елемент гри до нашої практики. Розглянемо все на простому та наочному прикладі.

Для початку пропоную взяти альбом для малювання та різнокольорові фломастери. Отже, звичайна здорова людина за 1 хвилину робить 14-20 подихів. Пропоную зупинитися на 15 для зручності рахунку. Уявіть, кожен цикл «вдих і видих» ми зобразимо, як один кружечок. У результаті на аркуші паперу таких кружечків відповідно вийде 150 штук (10 x 15). Погодьтеся, тепер від абстрактної медитації ми переходимо до наочних, конкретних речей. Просто кола, де кожен означає один цикл дихання «один вдих і один видих».

Коли ми розпочинаємо сесію медитації, всі ці кола – незаповнені, чисті. У процесі практики починаємо ці кружечки зафарбовувати різними кольорами:

- зелений;
- червоний;
- сірий.

Розберемося, що означає кожен із цих кольорів. Чому кольорів саме три? Коли йде медитація, то наша увага може бути спрямована в одну із трьох різних сторін.

Зелений колір

Перший напрямок – це коли ми усвідомлюємо об'єкт медитації. У нашому випадку – це подих. Тобто коли ми усвідомлюємо наш вдих і видих, наша увага спрямована на об'єкт медитації. У нашому прикладі це буде зелений колір. Як я писав у минулому розділі, неможливо одночасно на щось відволікатися та усвідомлювати дихання. Якщо ви усвідомлюєте своє дихання, то в цей час суто фізично не можете паралельно думати і розмірковувати про щось ще.

Червоний колір

Буває так, що наша увага спрямована на якийсь інший об'єкт: думки (наприклад, про сніданок), спогади про минуле, плани та емоції. Все що завгодно. Наша увага зараз спрямована на щось інше. Воно абстрактне. Призначаємо такому стану червоний колір.

Ще додам, щоби не сплутати з іншими кольорами. У цьому стані ви бадьорі, у вас немає сонливості. Розум у цей час дуже активний. Це стадія, коли вам кожну секунду приходять якісь нові геніальні ідеї та думки. Ваш розум наче каже: «Нужмо, давай, поговори зі мною. Давай поспілкуємося, згадаємо ось це… Або помріємо про щось, про наступну відпустку». Ви за цим прямуєте. Сідайте в цю «машину», їдете, відволікаєтесь, і все це не медитація – це роздуми.

Сірий колір

Третій стан. Увага дуже слабка, практично відсутня. Стан, що межує між неспанням та сном. З одного боку – увага не відключена і немає думок, водночас ми не усвідомлюємо подих. Він слабкий і поверхневий. Це, так би мовити, напівдрімота чи сонливість, іноді отупіння. І такому стану відповідатиме сірий колір. Часто новачки в медитації плутають сірий колір із зеленим. Сірий, як я вже пояснив – це стан між сном та свідомістю. Ледве притуплений розум, не дуже активний. Тобто думки практично немає, проте немає і усвідомленості. Такий стан може спостерігатися, наприклад, коли ви після доброго обіду лягли на диван або в гамак і відчуваєте, що ви зараз поринете в сон, але не засинаєте, тому що повний шлунок не дає заснути, перебуваєте на межі. Це та сама сіра зона, в яку часто потрапляють новачки у медитації та видають її за якусь глибоку, неймовірну медитацію.

Також у сірому стані приходять так звані мультики. У медитації ви починаєте бачити якісь образи, картинки, можливо, навіть звуки. Можуть виникнути питання: «Сьогодні на медитації я мав певні видіння. Що мені з цим робити?» Але насправді тут треба розуміти, що просто у цьому стані ваша свідомість перебуває у граничному стані. Ваше завдання – вивести із сірого в зелене. Про це докладніше розглянемо завдання на практиці медитації.

У цьому стані людина може говорити, що вона в медитації кудись відлетіла або, навпаки, провалилася. Тут поставте собі таке запитання: *«Коли ви відлітали, ви продовжували усвідомлювати своє дихання, свій вдих і видих?»* Насправді, тоді усвідомленості не було. Сонливість, до речі, – це одна з головних перешкод у новачків у освоєнні медитації.

Як правильно розфарбовувати

Повернімося до наших кружечків. Приступаємо до їхнього фарбування, нагадую, що кожне коло – це цикл дихання. У процесі медитації в залежності від того, як розподілена ваша увага, який цикл дихання, розфарбовуєте кола. Наприклад, ви починаєте медитацію з ясного стану, усвідомлюєте свій вдих-видих. Ще один раз усвідомили свій вдих-видих. Отже, зафарбовуємо 2 кола у зелений колір.

Потім вам на думку спала якась ідея. Можливо, щось згадали або почали про щось думати (наприклад, чим ви займатиметеся після медитації) і відволіклися. Зафарбовуємо коло або кілька кіл у червоний колір. Потім згадали, що медитуєте і потрібно усвідомлювати дихання, ви повинні бути на «оглядовому майданчику». Знову кілька подихів були усвідомленими (зелений). Потім трохи розслабилися і відчули якусь млявість свідомості. Тобто думок активних немає, але й концентрації уваги теж особливо немає.

Це якраз та сама сіра зона. У ній, непомітно для себе, можна перебувати досить довго. Можливо, хвилину, можливо, навіть більше. І тут згадуєте, що сидите, медитуєте, а отже – треба бути свідомим і спостерігати своє дихання. Ви це згадали, молодець, знову кілька зелених кіл. Потім на щось відволіклися: червоний, червоний, червоний. Знову зелений. І так далі.

Я думаю, що принцип ви зрозуміли. Тобто, якщо ми говоримо про те, чим ми займаємося в медитації, простими словами, то наше завдання – зробити так, щоб на аркуші паперу було якомога більше зеленого кольору. Зелений – означає свідому присутність.

Реальний аркуш паперу і маркери брати зовсім не потрібно, ми робимо це все в голові, просто візуалізуємо аркуш, на якому ми малюємо кольорові кружечки і усвідомлюємо наш стан.

Задачі медитації

Якщо розкласти по поличках, чим реально потрібно займатися в медитації, то, великою мірою, наша робота зводиться до чотирьох конкретних завдань.

1. Зеленого кольору має бути якнайбільше.

2. Треба прагнути того, щоб червоних кружечків за одну медитацію було якнайменше. Намагатися не відволікатися на зовнішні сторонні речі: думки, емоції, переживання, спогади, плани, очікування. Ви не відволікайтеся, все це приходить і йде геть. Спостерігаєте, але усвідомлюєте свій вдих і видих.

3. Ми прагнемо того, щоб сірого кольору на нашій діаграмі було також якнайменше. Це означатиме, що якість нашої уваги перебуває на високому рівні. Не спимо, нас не вимикає, нікуди не відлітаємо і не поринаємо. Ми тут і зараз усе усвідомлюємо.

4. Зелених кружечків, один за одним, має бути більше. Щоб усвідомленість була безперервною. Ми усвідомлюємо якнайбільше дихань поспіль. І навіть якщо в якийсь цикл відволіклися (червоний колір), то максимально швидко повернулися і продовжили зелену смугу.

Ось до чого зводиться наша медитація. Це те, що саме ми повинні робити після того, як сіли на підлогу зі схрещеними ногами та заплющили очі.

Робота всередині себе

Докладно розберемо ще один важливий пункт – внутрішня робота в медитації. Справа в тому, що я постійно стикаюся з тим, що люди не дуже до кінця розуміють, у чому саме полягає медитація. Іноді кажуть, що медитація погана, взагалі не виходить практикувати. І навіть, що людина до цього не здатна. Виникає питання: «*У чому ж, власне, річ? Чому ви вважаєте, що медитація була поганою чи ви до неї не здатні?*» Насправді це просто показує, що ви не дуже розумієте, в чому полягає сама медитація.

<u>**Очікування та реальність**</u>

Є ще одне невірне переконання: *«Коли ти просто сідаєш медитувати, заплющуєш очі і відчуваєш відразу ж величезний потік блаженства, доброти, умиротворення та спокою. Достатньо для цього просто сісти, заплющити очі і все це трапляється».* А насправді – заплющуєш очі, і ніякого спокою немає. Його спочатку треба заслужити, виховати свій розум, зробити свою увагу слухняною. І тільки потім, поступово, у нас виникають якісь напрацювання. Дуже важливо, щоб ви розуміли, що насправді відбувається. Щоб не було нереалістичних очікувань, ставтеся до практики медитації як до якісної роботи над собою. Як до тренування своєї уваги.

Що насправді відбувається у процесі медитації? Тепер ви знаєте це вже на своєму досвіді. Сіли, заплющили очі, почали усвідомлювати своє дихання і відволіклися на щось: на думки, ідею, емоцію. Втратили усвідомлення. Тонким зусиллям повернули подих назад. Пройшло ще 10 секунд, як знову відволікаєтесь на щось інше. Можливо, це вже починає злити та дратувати. Ви розумієте, що розум і увага живуть якимось своїм життям і не підкоряються.

Спочатку вся медитація зводиться до того, що розум постійно буде відволікатися, і вам постійно потрібно повертати його назад. Знову і знову. Можливо, навіть кожні 10 секунд, а може, й частіше. Іншими словами – за одну коротку сесію медитації доведеться зробити це кількадесят, якщо не сотень разів. Це процес повернення уваги назад, це тренування уваги. З кожним разом, коли увага повертається назад на дихання, ви цей м'яз усвідомленості прокачуєте.

Доречі, зверніть увагу, скільки ви відволіклись, поки ви читали цю сторінку. Потренуйтесь читати слідуючу сторінку без відволікання. Це теж буде тренування з концентрації уваги.

Неодноразово було сказано про те, що медитація – це тренування. Повернення уваги назад є тренуванням для розуму. Як тренажерний зал. Це не повинно тебе засмучувати, тому що все абсолютно нормально. Така стадія може бути досить монотонною, нудною, іноді навіть вимотує. Розум постійно про щось думає. Це його природа. Ви не можете перемогти природу розуму. Він буде відволікатися, і нехай відволікається. Наше завдання – повертати увагу знову і знову. Таке тренування приноситиме свої плоди. Ви побачите, як увага поступово стає все більш чіткою та слухняною. Ви не будете так часто відволікатися.

Якщо знову повернутись до аркуша з кольоровими колами, то ідеальна медитація – це винятково зелений колір. Але насправді навіть у досвідчених практиків з багаторічним стажем такого не буває. Все одно бувають сірі та червоні кружки. Чим відрізняється досвідчений майстер медитації? Він швидше розуміє, що він відволікся, йому не потрібно три хвилини на усвідомлення цього. На перших етапах наше завдання – відстежити, що ви відволіклися, та повернути увагу якнайшвидше. Намагайтеся не допускати тривалих відволікань: усвідомили – повертайтеся назад.

Як подолати сонливість

Я дам кілька практичних порад щодо подолання сонливості під час медитації.

1. Дуже багато залежить від часу медитації. Зазначимо, що протягом дня якість уваги змінюється. Іноді бувають проміжки часу, в яких увага дуже слабка, ви практично засинаєте. І навпаки – у певні години (наприклад, вранці чи вдень), коли ви максимально бадьорі, увага природним чином дуже хороша і висока. Я раджу початківцям практикувати саме в такі моменти. Згадайте, що медитація – це навичка. Ще б я порівняв увагу з навичкою, наприклад, водіння автівки. Коли ми тільки вчимося керувати автомобілем, то намагаємося робити це в денний час і на сухій дорозі. Ми не створюємо самі собі складності, наприклад, практикуючи свої навички вночі або під час снігопаду. Звичайно, потім ми вчимося керувати машиною в

різних умовах. Те саме з медитацією. Але спочатку робити свою практику краще в той час, коли ви відчуваєте бадьорість початково. Це важливо.

2. Також на допомогу перед заняттями медитацією прийде невелика фізична розминка.

3. Допоможе і невелика прогулянка на свіжому повітрі. Ідеально зробити якісь дихальні (пранаяма) вправи із йоги. Якщо ви знаєте їх.

4. Розтирання вух. Коли ви вже приготувалися до практики та сіли, руками слід розтерти вуха до гарячого стану, особливо мочки. Також двома пальцями добре розім'яти область між брів або масажувати шкіру голови. Трохи витягнути волосся. Після цих нескладних маніпуляцій ви відчуєте, як енергія усвідомленості швидше пішла до голови. Це допомагає провести медитацію більше у зеленій зоні, ніж у сірій.

5. Розтирання носа – це потрібно для того, щоб ніс легше дихав під час медитації і не було закладеності. Долонею розтираємо ніс і пальцями розминаємо гайморові пазухи.

6. Цікаво, як добре працює внутрішнє налаштування перед практикою. Багато залежить від вашої внутрішньої настройки. Тобто, коли сідаєте медитувати, приділіть увагу налаштуванню. Скажіть собі: *«Я сідаю для того, щоб тренувати свою увагу, і в цій практиці я робитиму цю внутрішню роботу якісно та старанно»*. Таке налаштування дозволить вам протягом медитації свою увагу підтримувати на високому рівні. І навпаки, якщо налаштування інше, якщо сідаєте в медитацію і думаєте: *«Ну ось, зараз я, нарешті, розслаблюся, трохи подрімлю»*, то не дивуйтеся, якщо дуже швидко засинатимете.

7. Прийміть перед медитацією контрастний душ, можливо, навіть холодний. Це дозволить відчути внутрішню свіжість.

8. Якщо ви відчуваєте, що спочатку все було добре, настрій був відмінний, але в самій медитації сонливість

починає поглинати, спробуйте відкрити очі. Небагато світла допоможе вам не заснути.

Але навіть якщо ви відчуваєте, що саме в цій медитації сонливість все-таки вас долає – нічого страшного. Не звинувачуйте себе. Із сонливістю в медитації стикається абсолютно кожна людина, і не лише початківці, а й досвідчені теж. Просто практикуйте далі. Продовжуйте далі. Наступний день – це нова медитація, і вона пройде зовсім інакше. Можливо, ви вже звернули увагу, що кожна медитація є унікальною. Це унікальний досвід, де є своя динаміка. Тому просто продовжуйте, не зациклюйтесь на своїх невдачах.

<u>Домашнє завдання до розділу 4:</u>

1. Сподіваюся, що тепер ви маєте більш ясніше уявлення, чим саме ми займаємося в медитації. Ставтеся до практики з більшою легкістю, додаючи елемент гри. Виконувати це можна і подумки, не треба щось розфарбовувати. Все це для того, щоб показати сам принцип. Бажаю, щоб у цій медитації у вас було якнайбільше зелених кружечків поспіль.

2. Практикуйте далі усвідомлення читання та рахуйте, скільки раз ви відволіклися.

Розділ 5.
П'ять головних помилок початківців у медитації

Це наше п'яте заняття. Я радий, що ви продовжуєте займатися. У цьому уроці трохи повторимо попередній матеріал, а також я розповім про 5 найпоширеніших помилок у початківців медитації.

Повторення того, що пройдено

У попередніх уроках було неодноразово зазначено, що об'єктом медитації є спостереження за нашим спокійним, вільним та природним диханням. Це найпопулярніша техніка медитації у світі. Здається, що вона дуже проста. Але, на мою думку, ви на своїй практиці вже переконалися, що насправді це набагато складніше, ніж здається. Не забувайте, що наше дихання є абсолютно вільним. Ми його не контролюємо, не намагаємось якось змінювати, поглиблювати чи навпаки – вкорочувати. Спостерігаємо той подих, який є. Дихання в процесі може жити своїм життям, змінюватись, ставати трохи прискореним. А можливо – навпаки, стане плавнішим. Це все нормально.

Розглядали і техніку **«Уловлювання відчуттів у тілі»**. Вона хороша і допомагає встановити найкращий контакт зі своїм тілом, усвідомлювати та відчувати. З нею звертаємо увагу на глибину медитації. Також не забуваємо, що медитація – це розвиток навичок.

1. Перше – йдеться про об'єктивне, безпристрасне спостереження. Нагадаю про приклад зі спогляданням за автівками, що проїжджають дорогою, де ми сидимо на місці і просто спостерігаємо.

2. Друге – це керування своєю увагою. Вчимося знов і знову звертати увагу на об'єкт медитації, тобто, на усвідомлення свого дихання.

Було розглянуто важливий практичний приклад – кольорові кола. Цей приклад демонструє, в чому полягає внутрішня робота в медитації. У ній важливо відстежувати, у якому стані перебуває увага, підтримувати зелений колір, усвідомлювати дихання.

Всі приклади: кружечки, спостереження за автівками, що проїжджають, – це, насправді, не більше ніж способи показати, в чому полягає сам принцип практики. Якщо відчуваєте, що вам це заважає, можете сміливо все відкинути. Це все, так би мовити, милиці. Спочатку вони можуть бути корисні, поки ви не навчилися ходити. Потім вони перестануть бути потрібними і заважатимуть. Коли ви відчули, що в медитації зафарбовування кіл створює надмірну напругу, тоді ця техніка просто не потрібна.

Розглянемо для прикладу навичку водіння машини. Коли ми тільки вчимося водити, можливе внутрішнє промовляння: *«Зчеплення, гальмо, коробка передач, 1 та 2 поворотник»*. Тобто це внутрішнє промовляння допомагає усвідомлювати, що ви робите. Але, погодьтеся, досвідчений водій навряд чи внутрішньо коментує кожний рух, який робить. Йому це просто не потрібно. Це як у сороконіжки спитати, з якої ноги вона починає ходити.

Тому подивіться уважно: якщо наведені приклади (з кружечками, автомобілем) вам допомагають – використовуйте. Якщо ви відчуваєте, що вони, навпаки, заважають – відкиньте їх. Головне – ви вже зрозуміли принцип, і його на своїй практиці застосовуєте. Можливо, ви придумаєте щось своє. Тут немає жодної догми. Ви можете самі стати майстром своєї медитації, вигадувати якісь власні невеликі тонкощі та нюанси, які допомагатимуть.

Можливо, медитуючи, ви придумаєте собі безліч технік для концентрації, я їх придумав для себе багато, і вони постійно поповнюються. Ви можете написати нам на емейл, і я поділюся ними з вами, він буде наприкінці книги.

Тепер розглянемо 5 найпоширеніших помилок у тих, хто тільки почав медитувати. Насправді їх більше, але я вибрав ті, що зустрічаються практично у кожного. І всі вони були допущені мною в моєму досвіді, тому мені добре знайомі.

Перша помилка: контроль медитації

Бажання контролювати медитацію, думки, зупинити внутрішній діалог – це перша, найбільш поширена помилка. Про неї вже було сказано багато, але коротко нагадаю. Якщо ви помічаєте в медитації, що хочеться повної тиші та зупинити думки, то просто відпустіть це бажання. Ні до чого хорошого воно не призведе. З'явиться лише зайва напруга і, як наслідок, розчарування. Вольовим зусиллям зупинити думки все одно не вийде.

Як то кажуть: природа риби – плавати, природа розуму – думати. Вирішивши зупинити думки – йдеш проти природи розуму. Ви нічого з цим не зможете вдіяти, Так буде завжди, так само, як риба завжди плаватиме. Не можна це заборонити. Ми вчимося спостерігати процес мислення та думок збоку, з позиції спостереження. Сподіваюся, ви це добре зрозуміли.

Друга помилка: оцінка медитації

Все полягає в оцінюванні вашої практики. Новачки дуже часто кажуть: *«У мене була хороша медитація»*, або навпаки: *«У мене була жахлива медитація, нічого не виходить»*. Тут важливо з'ясувати, чому ви вважаєте, що одна була гарною, а інша – поганою. Багато хто просто оцінює все за станом свого розуму. На їхню думку, якщо розум був дуже активним, було багато нав'язливих думок та ідей, то все пройшло дуже погано. А коли процес, навпаки, був спокійним, думок не було, тиша, то це була хороша медитація.

Насправді все зовсім не так. Якщо у вас є бажання оцінювати медитацію, я пропоную робити це за іншим критерієм. Наскільки медитація була гарною чи поганою – це те, наскільки продуктивно ви у цій медитації попрацювали. Як добре прокачали м'язи своєї уважності та усвідомленості. Насправді буває парадокс: та медитація, яка людині здається гарною, з погляду даного критерію тренування – погана.

Наприклад, ви сидите, і розум більш-менш спокійний, але свідомість у цей час перебуває у сірій зоні. Тобто це напівдрім і сонливість. Немає особливої свідомості, внутрішньої енергії, уважності. Ці 10-15 хвилин пролетіли як одна мить. Вам здалося, що все пройшло чудово. Проте насправді практика була неякісною. Ви не працювали, лінувалися, не прокачували звичку, не виводили свою медитацію в зелену сферу. Буває навпаки: ви сідаєте, і розум дуже неспокійний, але протягом усієї практики дуже добре працюєте зі своєю увагою. За одну сесію розум відволікся 200 разів, і щоразу ви повернули увагу назад на усвідомлення дихання. І така медитація дуже гарна, продуктивна. Хоча, можливо, вам здасться, що це була погана медитація, неспокійна.

Намагайтеся не оцінювати свою практику в принципі, тому що щодня вона відбувається по-різному. А якщо у вас є потреба оцінювати, то робіть це, виходячи з критерію, наскільки добре в цій конкретній медитації ви працювали зі своєю увагою. Наскільки ви не лінувалися, усвідомлювали відволікання розуму, повертали свою увагу назад.

Така помилка з неправильною оцінкою своєї медитації може призвести до того, що ви станете неправильно оцінювати свої успіхи в практиці. Тобто речі, на які насправді варто звернути увагу (це те, як якісно працюєте над своєю увагою), їх не помічаєш. Помічаєш лише зовнішні речі та стан свого розуму.

Повернімося до порівняння з навичкою керування машиною. Уявімо: ясний і сонячний день, суха дорога. Це символізує спокійний стан свідомості. Якщо сьогодні видався такий ясний і сонячний день, чи означає, що ти став майстром водіння машини? Ні. Просто сьогодні така погода. І навпаки, якщо сьогодні за вікном йде проливний дощ, на дорогах ожеледиця – це просто такі зовнішні чинники. Це відповідає, наприклад, такому активному, неспокійному, чимось роздратованому стану розуму. Але зовнішні чинники, якщо ти вмієш водити машину, на тобі ніяк не позначаються. Сідаєш і їдеш. Ти маєш ці навички.

Тому в медитації важливо: якою б не була погода, яким би не був стан розуму, необхідно вчитися керувати своєю увагою, розвивати навички щодо неупередженого спостереження.

Можливо, ви чули таку парадоксальну фразу, що хороша медитація – це погана медитація, а погана медитація – це хороша медитація. Сенс тут якраз у цьому. Та медитація, яка, можливо, зараз вам здається поганою та складною (розум часто відволікається в думці) – є гарною та правильною. Насправді це чудова можливість добре натренувати свою увагу, якщо ви дійсно налаштуєтеся на тренування і практику. Як казав мій учитель: поганих подій чи невдач немає, а є досвід. Цього я вам і бажаю.

Третя помилка: очікування від медитації

Вона дуже підступна. Насправді, ця помилка не тільки для початківців, але й для людей, які практикують уже довгий час. Йдеться про очікування. Ви вже багато читали про користь медитації. Можливо, чули про чудові речі, які дарує медитація:

- щастя;
- свободу;
- внутрішню трансформацію;
- протидія стресу;
- покращення уважності;
- поліпшення пам'яті;
- покращення концентрації;
- просвітлення,прозріння і так далі.

У вашій практиці, можливо, нічого подібного не відбувалося. Зверніть увагу: чи ви чекаєте чогось від наступної практики медитації? Чи є у вас якісь уявлення про те, що в медитації має статися чи чого не має статися? Можливо, є якийсь страх? Щось, чого ти боїшся? Все це є очікування.

Очікування блокує глибину практики та її прогрес. Ось що відбувається, коли ми маємо очікування. Ми чекаємо, але нічого не відбувається. Дива не сталося. В результаті все це призводить до розчарування. Ми починаємо себе накручувати. Вважаємо, що, можливо, цього не сталося, тому що ми щось робимо не так. Можливо, вважаємо, що ми неправильно медитуємо, або й не здатні до цього. Зрештою, це призводить до розчарування в практиці, втрати віри у свої сили і в себе. І ми дедалі менше практикуємо.

Коли ви займаєтеся вже достатньо часу, очікування також трапляються. Але вони стають тонкими, ледве вловимими. Що ми маємо робити з очікуваннями? Як тільки ви усвідомлюєте, що у вас є хоч найменші очікування (від себе, від практики, результатів), треба їх відпустити. Це добре відстежувати **на двох етапах** очікування.

1. **Перший етап** – перед початком медитації. Ми сідаємо для практики і одразу скануємо свій внутрішній світ. Відчуваємо, що є якісь очікування. Ви на щось чекаєте? Просто з черговим видихом відпустіть і дозвольте собі бути відкритим до чогось невідомого. Насправді ви не знаєте, що трапиться далі. Ніхто не знає. Неможливо передбачити невідомість. Їй потрібно просто довіритися і прийняти. Піти в цей досвід, не маючи жодних уявлень про те, що буде – це найкращий підхід у практиці.

2. **Другий етап.** Під час самої сесії ви також можете відстежувати, чи не закрадаються, чи не заходять із чорного входу якісь очікування. Дуже часто так буває, що ви медитуєте, все йде добре, і потім виникає внутрішнє відчуття, що чогось мало, зараз має щось статися. Начебто треба постаратися – і це станеться. Начебто а існуючому моменті чогось не вистачає, недостатньо. Ви чекаєте, що наступного моменту це прийде. Як тільки ви усвідомили внутрішнє очікування, дуже тонке і ледве вловиме, з черговим видихом просто відпустіть його. У внутрішньому настрої в цьому моменті вже все є, також є тут і зараз. Не треба намагатись цей момент удосконалювати. Наступний момент також буде досконалим.

Дуже важливий момент: очікування блокують розвиток медитації. Доки є очікування, прогрес буде йти дуже повільно. Слідкуйте за цим, оскільки помилка веде до неправильного результату.

Четверта помилка: перфекціонізм

Часто трапляється, і на собі я знаю, бо я сам такий: коли ми починаємо нове захоплення, навчання – включається юнацький максималізм. Ми впадаємо в крайнощі: ми все маємо робити ідеально. Щодо медитації, можливо, ви вже відчули, що медитація справді робить свою справу, є користь. Може народитися таке ставлення: *«Тепер із цього дня я практикуватиму медитацію двічі на день – півгодини вранці, півгодини ввечері. Крапка. Тільки так»*. Якщо ставитись до чогось серйозно, то тільки так.

Що відбувається далі? Життя вносить свої корективи в наші плани та наші очікування. Можливо, сьогодні вам вдалося позайматися повноцінно 2 рази на день. А завтра щось трапилося: проспали чи вас викликали на роботу, і вже не вдалося вранці повноцінно попрактикувати. Якщо ми знаходимося в такій фанатичній крайності, це призводить до того, що ми кидаємо практику. Перфекціонізм – це або досконало, або ніяк. Включається інша крайність: *«Ах, якщо так, якщо мені не виходить щось робити досконало і ідеально, значить, я не робитиму цього взагалі ніяк. Просто почекаю, поки в житті з'явиться сприятливіший час для практики»*. На жаль, він зазвичай ніколи не з'являється.

Тому нам треба навчитися бути в нашій практиці дуже гнучкими та розумними, без перфекціонізму. Навіть 10 хвилин медитації на день – це вже гарна практика. Немає абсолютно нічого страшного, якщо наступного дня у вас взагалі не вийшло, це абсолютно нормально. Просто цього дня, коли ви не практикуєте, спробуйте подивитися, в якому стані цей день проходить. Порівняйте день, який ви почали з медитації, і день без медитації: як вони пройшли. Можливо, ви помітите, що є якась тонка різниця у вашому настрої, стані, рівні спокою, внутрішній гармонії. І це дасть вам мотивацію продовжувати практику. Свої пропуски та недоробки на практиці ви можете перекладати в плюс, що дає хорошу мотивацію. «Гаразд, я зрозумів, що різниця є. Я постараюся наступного дня виділити час для практики та посидіти хоча б 10 хвилин, бо бачу, що в цьому є користь». Таке має бути відношення – ви практикуєте, тому що це ваш усвідомлений вибір.

Саме тому я завжди звертаю увагу на те, що треба відстежувати, як змінюється стан до та після. Просто ми так влаштовані, що робимо лише те, що дає користь чи подобається нам. Прекрасно буде, якщо ви полюбите практику медитації, сам процес.

Ви напевно звернули увагу, що одна медитація не схожа на іншу. Щодня медитація відбувається по-різному. Буває день, коли ви сідаєте, у голові тиша, жодних думок, все ідеально. Ви радієте: *«Відмінно! Нарешті мені вдалося медитувати. Тепер завжди так буде»*. А наступного дня – розум неспокійний, купа думок, планів, і взагалі не виходить концентруватися на диханні. Ви відчуваєте роздратування. Відчуваєте, що ні на що не здатні. Знову ж таки включається перфекціонізм, ви хочете всю цю справу кинути. Насправді постарайтеся бути більш терпимим до себе і мудрішим, тому що те, як йде медитація в даний конкретний момент (день), залежить від величезної кількості факторів:

- що відбувається у житті;
- що ви їли сьогодні/вчора;
- настрій;
- погода та багато іншого.

Це все впливає, робить свій тонкий відгук на вашу практику. Все навколо нас перебуває у постійній зміні – це закон непостійності. Тому дозвольте, щоб у вашій практиці цей закон непостійності теж виявлявся. Просто прийміть це як факт: кожна медитація проходитиме по-різному.

П'ята помилка: поспіх

Остання помилка, яку ми розберемо сьогодні, – це гонитва за швидкими результатами. Медитація приносить свої плоди, вона корисна, і ми хочемо скуштувати ці плоди якнайшвидше. Хочемо за три заняття опанувати навичку концентрації, навчитися керувати своїм розумом. Звичайно, це не виходить. Так само, як будь-яка інша навичка, ця теж вимагає часу. Наприклад, якщо ми говоримо про навичку гри на музичному інструменті, то на це потрібно багато часу, багато монотонної роботи:

- розбираємо ноти;
- вчимо гами;
- репетируємо;
- вчимося грати.

Це все природний процес здобуття навички. Те саме в медитації. Так само, як ви не приходите в спортзал з очікуванням, що за одне тренування ви приведете своє тіло в повний порядок: накачаєте м'язи, у вас з'являться «кубики». Але, погодьтеся, ми не ставимося до цього так легковажно. Тому в медитації, де ми працюємо ще на такому тонкому та делікатному рівні зі своїм розумом, увагою, налаштуйтеся на те, що це займе деякий час.

Ми можемо повчитися цієї мудрості у дресирувальників коней. Якщо взяти необ'їждженого скакуна і помістити його у вольєр, то буйний скакун ці перешкоди розіб'є чи вистрибне, і втече. Тому, коли дресирують, приручають коней, то дресирувальники чинять більш хитро і мудро. Вони прив'язують такого дикого скакуна на довгу-довгу мотузку. Коню здається, що він на волі, тобто він може бути будь-де, не відчуває жодних обмежень. Щодня дресирувальник трохи підтягує цю мотузку, скорочує діаметр, яким кінь може ходити і гуляти. Важливо, що це відбувається дуже поступово, тому кінь цього навіть не помічає. Через якийсь час, можливо, лише через місяць, кінь стоїть поруч з дресирувальником і нікуди не рветься. Це сталося поступово.

Приблизно таке саме ставлення, як у дресирувальника коней до необ'їждженого скакуна, має бути в нас до розуму. Не треба відразу намагатися посадити його у вольєр і сказати: «Все. Ти мій». Ні. Поступово, щодня ми робимо невеликі зусилля, навичку прокачуємо, і за кілька тижнів занять ви побачите, що ваш розум став набагато слухнянішим, ніж раніше.

Резюме

Якщо ви уважно проаналізували всі 5 помилок, про які ми сьогодні говорили:
- контролювати думки,
- оцінювати на погано та добре,
- очікування,
- перфекціонізм,
- бажання швидких результатів,

то ви побачите, що в корені всіх цих помилок насправді лежить неправильне ставлення до практики. Ставлення до медитації, як до якоїсь чарівної таблетки, яка має швидко вирішити всі проблеми. І орієнтація насамперед на результат, який практика має давати. Насправді, якщо ви зміните своє ставлення до практики, то автоматично всі ці помилки теж підуть.

Змінити ставлення до практики означає:
- по-перше, почати цінувати процес тренування, в ідеалі отримувати від нього задоволення;
- по-друге, те, що ми говорили на минулому занятті, – це чесна практика.

Скільки зусиль ви вкладаєте, такий результат і отримуєте. Чим якісніше ви працюватимете зі своєю увагою, тим швидше повертатимете увагу назад, коли відволіклися. Не спати і стежити за свідомістю. Це чесна робота. Саме тому мені так подобається медитація.

Кожне заняття має значення. Регулярна практика дозволяє побачити:

- як прогресуєте;
- як починаєте краще відчувати своє тіло;
- як увага стає гострішою, точнішою;
- як покрашюється пам'ять;
- як розум ставатиме дедалі слухнянішим.

<u>**Домашнє завдання до розділу 5:**</u>

Я бажаю вам сьогодні якісної внутрішньої роботи. Спробуйте звернути увагу, чи не припускаєтеся ви однієї з тих помилок, які ми сьогодні обговорили. Якщо ви щось помічаєте, просто через усвідомлення відпускайте та стежте за вдихом та видихом.

Ще раз перерахую помилки, а ви перед медитацією налаштуйтеся, щоб їх не допускати:

– перестаньте контролювати медитацію;

– не оцінюйте;

– заберіть очікування;

– не ідеалізуйте;

– медитуйте нехапливо.

Розділ 6.
Як поводиться розум у медитації?

Радий вас вітати. Продовжуємо наші заняття медитацією та сьогодні поговоримо про драми. Саме так – драми! Це історії, які постійно вигадує наш розум щодня, великі та жахливі, важкі, які треба обміркувати, обмізкувати, які не дають нам спокою. Можливо, ви їх помічали. Чому драми?

1. По-перше, тому що в цих історіях ми опиняємось в епіцентрі подій. Ми є головною дійовою особою всіх сюжетів, які постійно прокручуємо.

2. По-друге, це не просто якась суха розповідь, туди примішані наші емоції.

Цей сюжет – про нас, коханих, – разом із емоціями створює гримучу суміш, проти якої неможливо встояти. Отже, уявімо, що ми стоїмо на оглядовому майданчику та спостерігаємо за людьми та машинами. Як тільки на горизонті з'являється драма, практично немає шансів встояти. Це привабливо. Насправді, якщо ви звернете на це увагу, ми дуже любимо свої історії, свої сюжети. Коли ми зустрічаємось із друзями, про що ми говоримо? Вони розповідають свої історії, ми розповідаємо свої. У цьому полягає спілкування.

Насправді драми бувають невинними, як «мильні опери». Але якщо вони заповнюють весь наш простір у голові, то тут є як мінімум дві проблеми.

Перший момент – прокручування історій

Перша проблема в тому – коли наші думки постійно зайняті прокручуванням історій та сюжетів, то ми не контактуємо з реальністю. Ми постійно десь там. Наприклад, ви сидите, навпроти – людина, можливо, колега, і він заблукав у своїх думках. Тобто він ніби тут, але насправді – він десь дуже далеко. По його очах ви бачите, що він про щось глибоко задумався.

Насправді, кожен з нас більшу частину свого часу не присутній у моменті «тут і зараз». Ми десь там – або у своєму минулому прокручуємо по сотому разу ті самі ситуації, або в майбутньому – мріючи, фантазуючи, будуючи якісь плани, якісь замки з піску. Можливо, це вам добре знайоме. Ймовірно, ви самі себе ловили на тому, що знову і знову оживляєте в собі якийсь діалог. Наприклад, ця розмова була багато років тому з чоловіком/дружиною, другом або начальником (особа не така важлива). Але знову і знову ви прокручуєте той самий сценарій: *«Він сказав мені це так. Я йому відповів. Ой, а якби я тоді відповів ось це, що б він тоді сказав?»* І так далі, так далі. Вже сотий раз одне й те саме.

Навіщо ми це робимо? Який у цьому сенс? Адже ця ситуація сталася десь там давно, багато років тому, але ми знову і знову пожвавлюємо її, живимо своїми емоціями. Що це нам дає? Ми просто переносимося подумки у своє минуле, замість того, щоб усвідомлювати і бути присутнім зараз. Те саме виникає, коли ми багато думаємо про майбутнє, наприклад, чогось чекаємо: підвищення, вступу на роботу або в інститут, народження дитини або зустрічі з чоловіком своєї мрії. В результаті фактично ми жертвуємо своїм теперішнім моментом. У нас є цей момент «тут і зараз», решта – це не більше ніж галюцинація. Як ви докажете те, що було в минулому, чи те, що буде в майбутньому? Все це дуже умовно.

Другий момент - шкода, завдана драмами

Друга проблема, чому драми псують нам життя? Наш розум не тільки собі щось вигадав, ми в ці історії повірили. Тому придумані нами мильні опери приносять нам страждання. Можливо, у вашому житті були моменти чи випадки, коли ви ясно бачили, що ті історії, які ваш розум придумав, взагалі не мають жодного відношення до реальності. Іншими словами – це просто вигадка чистої води. Виходить парадоксальна ситуація: більшість наших драм справді мають реальність лише всередині нашої голови, поза її межами ніякої реальності у цих історій немає. У той самий час ті страждання, які породжують ці «міфи», цілком реальні, ми відчуваємо.

Спробуйте згадати: можливо, у вашому житті були історії, коли ви самі наочно бачили, що той сюжет, який вигадав ваш розум, не має до реальності жодного відношення, і ви самі в цьому переконувалися. Драма – це не просто сухе оповідання, в ньому є ще емоційне забарвлення. Емоції створюють гримучий коктейль, який захоплює нас, ми втрачаємо свою усвідомленість, не можемо подивитися на ситуацію збоку, з позиції спостереження.

Ви неодноразово чули фразу: *«Усі проблеми від голови»*. Можливо, не всі, але багато страждань і проблем ми справді самі для себе вигадуємо і просто в них віримо. Жодної об'єктивної реальності вони не мають.

«Полювання на драму»

Насправді драми ми вигадуємо постійно. Якщо ви почнете уважно стежити за цим, то побачите, що кожен день, кожну годину розум придумує все нові і нові історії. У цьому уроці ми спробуємо це відстежити. Буде така практика «Полювання на драму». Це тип полювання, коли ми гнатися ні за чим не будемо, просто сидимо в засідці і уважно спостерігаємо.

Якщо бачите, що на горизонті з'являється драма, завдання – на неї не повестися. Це складно, тому що бувають думки разові (одноразові), тобто прийшла якась випадкова думка – і тут же вона пішла. Наприклад:
- «А чи не час би мені підтригтися?»;
- «А що мені сьогодні одягти?»;
- «Що я їстиму на сніданок?»

Вони поодинокі, випадкові. Нам досить просто буде залишитися в позиції спостерігача «Думка прийшла, і ось вона пішла». Це не складно.

У випадку з драмою все набагато складніше. Приходить якась думка, наприклад, спогад про близьку і дорогу нам людину, з якою ми колись розлучилися, або з ким стосунки у нас не дуже склалися. Ця думка автоматично дуже швидко притягує емоційну реакцію, забарвлює в образу, ревнощі, агресію, почуття провини, гнів. Все, що завгодно. Поступово виникає цілий потік, ком: думки чіпляють емоції, емоції провокують нові думки. Ми згадуємо якийсь діалог, який нас завжди зачіпав, він додає нових емоцій, відповідно приходять ще думки. Тепер ми перебуваємо в епіцентрі драми. Замість медитувати, прокручуємо в тисячний раз якусь свою улюблену історію.

Кожна людина має якісь історії, які вона любить у своїй голові повторювати знову і знову. Наше завдання – навчитися ці драми у практиці медитації відстежувати. Медитація – це збільшувальне скло, через яке ми можемо поспостерігати за роботою нашого розуму. Як наш розум творить сюжети драм. Якщо ми навчимося робити це в медитації, то зможемо набагато швидше розпізнавати та розрізняти драми, трагедії та комедії у житті.

Навіщо нам це потрібно? У чому, власне, користь? Користь насправді величезна: якщо ми вчимося усвідомлювати всі історії, які вигадує наш розум, чим більше їх помічаємо і усвідомлюємо, тим менше ми застрягаємо в них і менше віримо. Тобто ми починаємо розуміти, що ось це лише одна з історій, яку придумав мій розум. Можливо, вона правдива, а можливо – ні. Цього точно не знаємо. Навіщо в це зараз вірити? Навіщо самому собі завдавати марних страждань?

У результаті, коли починаємо відпускати свої драми та трагедії, спочатку ми їх усвідомлюємо, потім – відпускаємо, наше життя стає легшим. З неї йдуть марні страждання. У житті і так достатньо об'єктивних страждань:

- старіння;
- хвороби;
- уходять близькі люди;
- проблеми на роботі та сім'ї.

Не треба до цього додавати ще ті страждання, які ми собі придумали через особисті історії.

Водночас у нашому житті проявляється більше тиші, спокою. З'являється час для того, щоб побути присутніми в існуючому моменті. Замість того, щоб у черговий сотий раз прокручувати свою «мильну оперу», ми звертаємо увагу, наприклад, на красу природи, можемо послухати співи птахів, відчути своє дихання. Спілкуючись з іншою людиною, ми можемо насправді її слухати, а не прокручувати в голові своє кіно.

З'являється більше свободи, радості, присутності в моменті. Все, що нам потрібно – знаходитись прямо тут і зараз. Щастя, свобода, радість – це все тут і зараз. Коли нам набридне знову і знову крутити платівки своїх трагедій, ми вільні прийти в цей момент присутності. У цьому моменті є все, що нам потрібне.

Пропоную у сьогоднішній практиці провести полювання за своєю драмою з позиції засідки. Тобто просто зайняти таку позицію спостереження – **«усвідомлюємо подих»**. Якщо ми бачимо, що на думку спадають якісь історії, наш розум починає щось вигадувати, то кажемо собі: *«Ні-ні-ні, я не ведуся на цю історію. Я усвідомлюватиму своє дихання»*. Ви помітите, що якщо своєю увагою не підсилюватимете драму, вона дуже швидко втратить свою вагу та силу. Це все одно, що спектакль, на який ніхто не прийшов: актори втратили свій ентузіазм, бо просто нема перед ким грати. Те саме з «мильними операми»: нехай вони приходять, нехай вони йдуть. Якщо ви їх не посилюєте своєю увагою, вони втрачають над вами владу.

<u>Домашнє завдання до розділу 6:</u>

Відстежуємо драми і не даємо їм силу розвиватися і спостерігаємо, як вони самі по собі підуть.

Бажаю вам сьогодні хорошого та успішного полювання!

Розділ 7.
Як навчитися приймати життя через медитацію?

Я радий вітати вас. Сьогодні ми переходимо до самого серця медитації – говоритимемо про прийняття та відпускання.

З кожним наступним заняттям ми йдемо все глибше та глибше. Зараз ми дійшли до дуже важливої теми. Думаю, ви не раз чули два слова:

- Приймати.
- Відпускати.

Можливо, також чули, що саме в медитації ми цьому вчимося.

«Приймати» та «відпускати». Що потрібно робити? Як це правильно робити у медитації? Про це ми з вами поговоримо.

Прийняття та відпускання – це дві сторони однієї монети. Вони завжди разом. Тому в цьому розділі ми говоритимемо і про прийняття, і про відпускання. І почнемо із відпускання.

Відпускання

У новачків часто виникає невірне уявлення про відпускання, тому що відпускати – це дієслово. Воно передбачає якусь дію. Може виникнути питання: *«Що потрібно зробити для того, щоб відпустити?»*. Насправді секрет у тому, що відпускання – це пасивний процес. Він не вимагає жодних дій із нашого боку. Щоб було зрозуміліше, наведу приклад.

У мене в руках м'ячик. Згадуємо приклад на оглядовому майданчику: ми стоїмо і спостерігаємо за людьми та машинами. А тепер міняємо машини на м'ячики, вони пролітають перед нами. Кожен м'ячик – окрема думка, драма, емоція, враження. Вони приходять та йдуть, приходять і йдуть. Бачимо чергову нашу улюблену історію, схоплюємо її. Необхідність відпускання виникає тому, що ми хапаємося за щось. Коли ми просто спостерігаємо, як усі приходять та йдуть, то немає чіпляння і нічого не треба відпускати. Однак, коли схопили чергову якусь нашу думку/історію, що робимо з цим м'ячиком? У відпусканні це не означає, що ми його кудись щосили кидаємо подалі, бо це буде відштовхування і, як наслідок, він знову до нас повернеться. Відпускання – це пасивний процес. Наше завдання – просто розтиснути долоню, і коли вона розіжметься, м'ячик впаде сам.

Я писав уже вище про закон непостійності, який ми вивчаємо та досліджуємо у медитації:

- все непостійно;
- все змінюється;
- все приходить;
- все йде;
- все трансформується.

Те, за що ми чіпляємося – думки чи емоції – рано чи пізно само по собі піде. Наше завдання в цьому процесі – пасивне, просто спостерігати, як це приходить і йде саме собою з розтиснутими долонями.

Відпускання, за великим рахунком, означає, що ми впускаємо у життя закон непостійності. Перестаємо боротися з універсальними принципами Всесвіту, на який зазвичай витрачаємо багато своїх сил абсолютно безглуздо. Хочемо ми цього чи не хочемо, все постійно змінюватиметься. Насправді, коли я говорю про закон відпускання, то в ньому немає нічого нового для вас. Кожна людина знає, що означає відпустити. Це ви вже вмієте. Нашим завданням є розвинути цю навичку, це мистецтво.

Щодня з нами відбувається багато різних ситуацій: якісь проблеми та негаразди. Все як у звичайних людей. Можливо, зараз у вашому житті є проблеми, які вас турбують, наприклад, щось непокоїть, тривожить. Спробуйте згадати себе рік тому. У цей час у вас у житті теж щось діялося, щось вас турбувало. Можливо, зараз вас це зовсім не бентежить, або навіть складно згадати, про що ви тоді тривожилися. Чому? Тому що ви вже відпустили, це втратило свою актуальність, свою гостроту. Я не згадую про якісь підліткові проблеми (чи то прищі чи нерозділене кохання), які тоді нам здавалися такими, що весь світ до цього зводиться. Але минуло 10-20 років, а для когось, можливо, і кілька десятків років, і ми зараз згадуємо ці свої дитячі проблеми з посмішкою. Ми давно це відпустили.

Таке відпускання означає – дозволити життю йти своєю чергою. Найчастіше для цього потрібен час. У звичайному житті ми відпускаємо, минає час, нас це перестає так турбувати. У медитації наше завдання – цю навичку відпускання прокачати так, щоб ми могли не чекати рік, не чекати десять років, а могли відпускати відразу ж, миттєво, і робити це безперервно. Щоб ми могли жити із розтиснутими долонями, просто пропускаючи через себе потік життя.

Формула медитації «Три стовпи»

З'ясуємо, як відпускання виглядає технічно у медитації. Що ж потрібно зробити і чого робити не варто?

Спочатку я поділюся формулою медитації. Вона складається з трьох великих стовпів:

1. Помітити.
2. Усвідомити.
3. Відпустити.

Перше – це про уважність, те, про що писалося на початку книги: бути уважним. Коли розум відволікається, ми повинні це усвідомити і якнайшвидше помітити. Тут потрібна гострота та швидкість нашої уважності сприйняття.

Друге – це про нашу мудрість, здатність дивитися на ситуацію, на все, що відбувається збоку, не втручаючись і не залучаючись. Зберігати позицію об'єктивного спостерігача.

Залишитися на оглядовому майданчику, дивитися на ситуацію збоку: як усе приходить і відходить. Усвідомленість – це також про те, щоб створити простір навколо того, що відбувається, не ототожнюючись з цим. Тобто подія, яка сталася з вами – це не ви самі. Великою мірою, лише через свідомість ми можемо щось відпустити. Якщо ми чогось не усвідомлюємо, як ми можемо це відпустити? Наприклад, якщо ми в гніві, і не усвідомлюємо, що ми в гніві, то як ми можемо відпустити свій гнів? Це просто неможливо.

Третє – це відпускання, перенесення нашої уваги зараз. Відпустити – значить вибрати справжній момент і бути вірним справжньому моменту. Наприклад, прилітає якийсь м'ячик (наші думки, переживання, емоції), і ми відчуваємо, що вчепилися в нього. Відпускання означає тонким зусиллям свою увагу перенести на об'єкт медитації, у нашому випадку – це спокійне вільне дихання. Коли ми переносимо увагу на дихання, то автоматично розтискаємо кулак, і цей м'ячик далі летить туди, куди він летів до того, він може просто впасти або кудись полетіти далі.

Якщо ви будете пильними і уважними, то побачите, що всі ці м'ячики постійно літають туди-сюди і головне – не хапатися за них. За щось вхопилися? Просто через перенесення уваги повертаємось зараз. Просто спостерігаємо. На даний момент є місце для цього м'ячика? А для наступного? Ви можете помітити, що, якщо будете повністю в моменті, все, що в цей момент вже не входить, йому не належить, поступово починає розсипатися, розпадатися, розчинятися і залишати простір вашої свідомості.

Дуже важлива річ: відпустити можна тільки в існуючому моменті, в моменті «тут і зараз». Відпустити в минулому чи майбутньому ви не можете, але в сьогоденні це можливо. Саме перенесення вашої уваги на сьогодні вже автоматично виключає весь накопичений багаж думок, переживань, емоцій і вражень, які цьому моменту не належать. Тому, чим повноцінніше у вас контакт із цим моментом, тим більше ви відпускаєте. У результаті наше життя стає вільнішим, радіснішим і легшим. Відпускання – це прямий шлях до щастя, і воно можливе тільки зараз, в моменті тут і зараз.

Запам'ятайте, будь ласка, ці три слова:

- перше – ми маємо **помітити**;
- друге – **усвідомити**, створити простір між об'єктом та спостерігачем;
- третє – тоді нам відкривається можливість **відпустити**.

Прийняття

Розглянемо прийняття. **Прийняття** – це зворотний бік відпускання. Ідеться про той самий закон непостійності, одна з граней якого полягає в тому, що в наше життя постійно приходить щось нове. Щодня і кожної миті щось нове трапляється з нами, приходять якісь зміни та переродження. Найчастіше наша реакція така, що спочатку боїмося змін, ми боїмося нового. Звичайно, хочемо триматися за те, що ми вже знаємо, що звично і добре знайоме. Можливо, що старе завдає нам болю та страждань, але ми не готові відкритися новому.

Прийняти – означає впустити в своє життя потік змін, які відбуваються постійно. Як ви вже зрозуміли, прийняття та відпускання – це просто дві грані одного стану, відкритості та потоковості. Це коли ви живете і просто дозволяєте потоку життя проходити крізь себе, не намагаючись чіплятися, не намагаючись утримувати і не намагаючись відштовхувати нічого. Ви приймаєте життя у всій його реальності і пропускаєте його через себе.

Приймати та відпускати у медитації

Давайте тепер вивчимо практичніші речі.

1. Що ми можемо зробити з цим?
2. Що ми можемо прийняти?
3. Що ми можемо відпустити?

Знову починаємо з відпускання. Ми сидимо та медитуємо. Що ми можемо відпустити?

- По-перше, м'ячики, що пролітають повз нас: думки, переживання, емоції, свої страхи. Усвідомити, що ми надто напружуємося.

- По-друге, часто новачки у медитації намагаються досягти результатів через надзусилля. Тобто медитує, зосередився, насупився, стиснув щелепу: «Зараз треба більше напружитися». І якщо ви усвідомлюєте таку напругу, просто відпустіть, розслабтеся.

- По-третє, зрозуміло, ми можемо відпустити драми та трагедії. Це те, про що ми говорили на минулому уроці. Історії, які вигадує наш розум, свої страждання, які ми самі вигадуємо.

- По-четверте, можна і треба відпускати свої очікування. Чи є якісь очікування? Якщо вони є, то відпускаємо. Просто переносимо увагу в теперішній момент.

- По-п'яте, тонші речі – свій перфекціонізм. Бажання все робити досконало, щоб медитація теж була ідеальною. Часто новачки шукають ідеальних умов для медитації. Але насправді їх просто не існує. Завжди щось не так: або надто холодно, або надто спекотно, або якийсь шум, або ти голодний, або переїв. Немає ідеальних умов для медитації. Ще ніхто їх не досягнув. І цю недосконалість ми також можемо відпустити.

Тепер поговоримо про те, що ми можемо прийняти в медитації.

1. Спробувати прийняти себе таким, яким є зараз. У поточному стані. Не намагатися бути кимось, не намагатися бути великим медитатором. Просто приймаємо себе зі своїми думками, драмами, трагедіями, заморочками, болем у коліні чи спині. Просто дозволити собі бути і відчувати все, що відчуваєте зараз.

2. Спробувати прийняти світ таким, яким він є. Обставини, які є. Наприклад, ви сіли в медитацію, а сусіди по квартирі влаштували ремонт або десь кричить дитина. Спробуйте прийняти все, що зараз є, разом з усіма звуками, запахами, іншими речами в просторі. Дозвольте цьому світу бути таким, яким він є, не намагаючись його змінити під себе. Дуже часто ми витрачаємо величезні зусилля на те, щоб весь світ поміняти під себе. У медитації ми вчимося, навпаки, приймати світ таким, яким він є.

3. У більш глобальному сенсі ми можемо прийняти ту життєву ситуацію, в якій ми опинилися зараз. Але з усвідомленням, що все у цьому житті не випадкове. Перестати боротися із життям. Якщо ми в якійсь життєвій ситуації опинилися, то в цій ситуації для нас є дуже цінні уроки, які ми можемо отримати. Але ми їх не помітимо, не зрозуміємо і не пройдемо, поки намагаємося внутрішньо з цим боротися і чинити опір.

Можливо, ви вже зрозуміли, що вся медитація, за великою мірою, – це один великий тренажер із прийняття та відпускання. Тому що постійно треба щось приймати, або щось відпускати. Найчастіше це відбувається одночасно. Цей пасивний процес. Тонким зусиллям увагу переносимо в зараз і спостерігаємо життя не таким, яким ми хочемо його бачити, не таким, яке воно в нашому вигаданому ідеальному світі, а таким, яке воно є.

Насправді, це і є головним результатом практики прийняття-відпускання. У широкому сенсі медитація – спосіб сприймати речі такими, якими вони є. Я хочу, щоб ви цю фразу запам'ятали та використали у своїй практиці. Наприклад, якщо в медитації ви сидите і за щось зачепилися, просто скажіть собі: *«Як є. Нині є так. І нехай так буде»*. У цьому є прийняття.

Давайте відразу налаштуємося на те, що швидких результатів не буде. Але робота йтиме ефективно. Можливо, за кілька тижнів ви почнете помічати, що вже є якісь зміни. Наприклад, на ті речі, які раніше викликали агресію чи інші сильні емоції, ви стали реагувати набагато спокійніше, простіше. Це поступовий процес, тож швидких результатів не буде.

Знову ж таки, згадайте про те, що медитація – це тренування.

<u>Домашнє завдання до розділу 7:</u>

Постарайтеся подивитися протягом дня, наскільки ви можете:

- частіше розтискати кулаки та щелепу;
- не хмурити брови і розтискати губи;
- впускати нове у своє життя;
- відпускати те, що відходить;
- бути у стані цього потоку;
- приймати та відпускати;
- не тримати і не жбурляти цей м'ячик.

Успішної практики!

Розділ 8.
Як стати господарем свого розуму та взяти думки під контроль?

Я дуже радий, що ви дійшли до цього уроку, тому що сьогодні поговоримо про те, що може змінити ваше життя, якщо ви будете відкриті та готові. Розглянемо, як перестати бути заручником свого розуму. А також поговоримо про зону нашого комфорту, яка часто стає в'язницею нашого розвитку та обмежує нас. Як із цієї в'язниці можемо звільнитися? Роздивимось ці питання через призму ще однієї актуальної для багатьох новачків теми – **роботи з фізичним дискомфортом під час медитації.**

Дискомфорт в медитації

Починаємо з дискомфорту у медитації. Він виникає практично у всіх: і у новачків, і вже досвідчених майстрів медитації. Дискомфорт виникає – це нормально. Нагадую сам принцип: ми не намагаємося створити собі свідомо дискомфорт, тож сідаємо максимально зручно. Ми не мазохісти, але потрібно бути готовим до того, що в процесі самої медитації рано чи пізно з'являтиметься певний дискомфорт. Я зараз маю на увазі тілесний дискомфорт: не зовсім приємні, можливо, іноді болючі відчуття в тілі. Це може бути будь-що:

- починає німіти нога;
- втомлюється спина;
- десь свербить;
- десь щось укололо.

Цікаво, що новачки реагують на дискомфорт так: як тільки щось десь почухалося – вони відразу почухали; щойно спина заколола – відразу змінили, скоригували свою позу; нога оніміла – відразу її випрямляємо. Робляться ці рухи автоматично, несвідомо. Як тільки з'явився подразник, тут є і реакція.Насправді це просто показує, як ми звикли жити. Людина живе на автоматі, просто реагує на подразники, що виникають. Мозок так влаштований на клітинному рівні, що всі зовнішні сигнали, що надходять від навколишнього світу, від нашої власної нервової системи, він ділить на три категорії.

1. Перша категорія – «Мені це подобається, і я хочу це ще».

2. Друга категорія – «Мені це не подобається, і я цього не хочу».

3. Третя категорія – «Мені байдуже, нейтрально».

На третій пункт є приклад. У кімнаті, де сидите, температура повітря максимально оптимальна, але ви цього навіть не усвідомлюєте, не відчуваєте.

Правду кажучи, ми постійно реагуємо на всі подразники:

- «Це мені подобається, і я намагаюся ще більше цього отримати, зачепити»;
- «Це мені не подобається, і я намагаюся це відштовхнути, тому що не хочу у своєму житті цього бачити»;
- У нейтральному стані ми цього просто не помічаємо.

З роками ми посилюємо автоматичні реакції, дедалі більше закріплюємо патерн автоматичної реакції на ситуацію. Це коли вам кажуть «Дурень», і ви відповіли «Сам дурень» ще до того, як встигли подумати:

- А як правильно відповісти?
- А чи треба взагалі на це щось відповідати, якось реагувати?

Ми не даємо собі можливості вибору. Занадто швидко відповідаємо на автоматі. Так само ми йдемо і по життю, створюючи власну зону комфорту.

Можливо, ви спостерігали у своєму житті або в житті інших людей, як ми прагнемо собі догоджати. Намагаємося створити максимально комфортні для себе умови, обставини. У кожного це може бути щось своє. Хтось, наприклад, може в подорожі зупинятися тільки в п'ятизірковому готелі, а все, що менше, йому не підходить; хтось почувається комфортно лише тоді, коли він має певний рівень достатку; хтось почувається комфортно, коли він виглядає певним чином, виглядає добре, а все інше буде йому некомфортно. З кожним роком ми на себе навішуємо все більше цих умов «тільки коли» і «тільки якщо», тим самим наша зона комфорту стає все меншою і меншою. І варто нам зробити лише крок ліворуч, крок праворуч – і ми відчуваємо дискомфорт. Ми до цього не звикли, не готові.

Для більшого розуміння викладеної інформації є одна притча, яку ви, можливо, чули. Вона про одного царя, який хотів всю земну кулю обтягнути шкірою для того, щоб ходити босоніж і не боятися наступити на колючку. На що йому один мудрець відповів: «*Навіщо тобі це потрібно? Просто зроби собі шкіряні сандалії і дай спокій всьому світу. У своїх сандаліях ти можеш ходити будь-куди без страху вколоти собі ногу. Це набагато простіше. Це набагато дешевше*».

Ця притча саме про те, чим ми займаємося в медитації. Ми робимо собі такі «сандалії», які дають нам комфорт у житті, в якій би ситуації ми не опинилися. Дискомфорт у медитації, фізичний дискомфорт – це простий приклад, на якому ми можемо поспостерігати, як ми можемо працювати з цим дискомфортом і використовувати для того, щоб розтягувати зону свого комфорту.

Робота з дискомфортом

Медитація – це можливість спостерігати за роботою свого розуму, за тим, що відбувається у нас усередині під збільшувальним склом. Робота з дискомфортом у медитації – це дуже цінна можливість: дискомфорт може бути стражданням, але якщо ми правильно ставимося до нього, то він може стати чудовим подарунком. Навіть, не побоюсь цього слова, благословенням, яке відкриває нам нові грані, дає нові дуже цінні усвідомлення. Але для цього важливо розуміти, як нам правильно працювати з дискомфортом у медитації.

Принцип, який вам слід запам'ятати: необхідно створити простір навколо. Коли у нас у медитації виникають якісь дискомфортні відчуття, наше завдання – спробувати не піти за автоматичною реакцією. Вона каже, що треба терміново щось із цим зробити:

- почухалося – треба почухати;
- сів комар – ляснути його.

Зробити щось автоматом, швидко, не думаючи. Коли немає проміжку між подразником і нашою реакцією, ми позбавляємо себе свободи вибору. Тому наше першорядне завдання – постаратися не реагувати, створити цей проміжок, створити свій простір, і в ньому, виявляється, у нас є свобода вибору: ми можемо самі вирішити, як нам реагувати.

Повертаємося до дискомфорту у тілі. Коли в медитації виникає якийсь фізичний дискомфорт, я пропоную вам спочатку його спостерігати та досліджувати. Стати зацікавленим вченим, який починає дивитись: «Ага, дискомфорт». Ну, по-перше, саме слово дискомфорт означає, що ми вже понавішували на фізичні відчуття певну суб'єктивну оцінку «Мені це неприємно». Інакше це будуть просто фізичні відчуття, без забарвлення у приємні чи неприємні.

Спробуйте у наступній медитації дослідити цей дискомфорт.

- Які саме відчуття ви відчуваєте?
- Відчуття статичні? Вони постійні чи змінюються?

Я вам підкажу: вони, ясна річ, змінюються. Тому що все змінюється. Спробуйте побачити зсередини, де ці відчуття ви усвідомлюєте? Ця локація відчуттів фіксована, статична чи постійно змінюється? Дослідіть самі відчуття: «Що саме ви відчуваєте?»:

- вібрація;
- пульсація;

- поколювання;
- відчуття тиску;
- жар;
- тертя.

Наприклад, коли ви відчуваєте, що нога оніміла, спробуйте пройти через цей бар'єр «просто оніміла» і дослідити, що саме ви відчуваєте у своїй нозі. Необхідно докопатися до реальних фізичних відчуттів. Де саме та що з ними відбувається? Вони змінюються чи залишаються незмінними?

Насправді, якщо ви чесно підете у цю роботу, то з дискомфортом чекає одразу багато відкриттів.

Прийняття дискомфорту

Одне з відкриттів, яке ви можете зробити, це те, що коли ви знаходитесь разом з цим дискомфортом і не реагуєте на нього (автоматично, як ми звикли), то в цьому немає нічого страшного. Ви можете якийсь час, скажімо, 10 хвилин своєї медитації, просто з цим дискомфортом побути і нічого не робити. І нічого не буде страшного: ви не помрете, ногу не доведеться ампутувати, все буде гаразд.

Ще одне відкриття, яке може прийти, це те, що ви одночасно можете усвідомлювати відчуття, які вам не подобаються (дискомфортні відчуття) та цілу гаму, палітру інших відчуттів, приємних відчуттів:
- усвідомлювати інші відчуття у вашому тілі;
- усвідомлювати природне дихання;
- почуватися спокійно і задоволено.

І все це водночас. Загалом кажучи, якщо раніше дискомфортні відчуття розширювалися до меж вашого простору свідомості, і ви могли фокусуватися тільки на цьому, то наше завдання зараз – зробити свій простір свідомості настільки широким, де є місце всьому, в тому числі – дискомфортним відчуттям. Саме так відбувається розширення нашої зони комфорту. Саме так ми перепрошиваємо звичні патерни свого розуму, які кажуть нам: «*Реагуй, реагуй*». А ми відповідаємо: «*Ні-ні-ні, я не хочу реагувати. Я хочу мати волю вибору. Я хочу сам вирішувати, як я відповідатиму на ситуації, що виникають*».

Ще один важливий аспект роботи з фізичним дискомфортом – це можливість спостерігати, як відчуття у тілі пов'язані з історіями, які вигадує наш розум. Я писав в одному з минулих розділів про драми. Буває, що коли щось виникає в тілі, розум автоматично починає вигадувати цілу історію. Наприклад, якщо ви відчуваєте, як поступово починає німіти нога. Спробуйте відстежити: швидше за все, розум уже почав навколо цього вигадувати цілу психодраму чи трагедію. Часто люди кажуть, що всю медитацію вони бояться, що нога так сильно заніміє, що вони вже не зможуть користуватися нею, що її доведеться ампутувати. І вся ця параноя вилазить назовні.

Це також може бути дуже цінним. Ми можемо побачити, що на 90% страждань придумано нашою головою. Тобто наш розум посилює відчуття в тілі. І це дуже цінне відкриття – побачити, де є реальні фізичні відчуття (як правило, це 10-15%), а де є той біль, який вигадав наш розум (90%). Буде дуже цінним, якщо ви спробуєте це розрізнити, поспостерігати, як розум через історію намагається посилити відчуття, які насправді не такі значні, щоб ви не могли з ними якийсь час побути.

У медитації можуть виникати й інші види дискомфорту, як фізичні, так і емоційні. Можуть приходити думки, які викликають у вас неприємні та сильні емоції. В одному з наступних уроків я писатиму про те, як працювати з негативними емоціями в медитації.

Зараз ми постараємося попрацювати на рівні фізичного дискомфорту, тому що це простіше. Іноді буває так, що навіть не фізичного, а придуманого. Наприклад, класичний приклад із комаром у медитації. Насправді комар може виступити для тебе вчителем медитації, майстром. Зверніть увагу: комар навіть ще не сів на ваше тіло, він просто в полі зору десь поруч літає. І сам звук, дзижчання комара вже викликає дискомфорт, якийсь опір, напругу. Розум починає вигадувати якісь історії.

І насправді, якщо цей досвід укусу комара ви спробуєте прожити чесно з позиції спостерігача, просто дозволяючи цьому траплятися, не чинити опір, то це може стати величезним відкриттям. Бо ось він літає, ось він сів. Які саме фізичні відчуття ви відчуваєте, коли комар просто гуляє вашою шкірою? Жодного фізичного дискомфорту не виникає. Ви можете спостерігати, як розум створює дискомфорт. Ось відбувається укус, який триває лише дві секунди. Потім комар летить – і все, його більше немає. Якщо ви чесно цей досвід проживете, то побачите висновок: «А навіщо я, власне, так сильно переживав?». Найнеприємніше – це просто дві секунди невеликих больових відчуттів. Жодних неприємностей більше немає.

Відпускання у дискомфорті

Людина собі вигадує багато зайвих страждань. У минулому розділі було сказано про формулу медитації «Три стовпи»:

- помітити;
- усвідомити;
- відпустити.

Стосовно фізичного дискомфорту третій пункт «відпустити» найчастіше означає: просто побути з цим, не реагувати, дозволити цьому відбуватися і спостерігати, що буде далі. У наступному моменті є якісь відчуття? Як вони змінюються? Тут потрібно зловити тонкий баланс: іноді відчуття в тілі стають справді дуже сильними, і ви відчуваєте, що вам дійсно потрібно поміняти положення тіла, інакше ви завдасте шкоди здоров'ю. Рекомендую відстежувати цю тонку грань самостійно: де правильна робота з дискомфортом, а де дійсно вам потрібно змінити позу, щоб полегшити свої сильні страждання. Коли відчуваєте, що потрібно зробити зміни в стані тіла, спробуйте робити це теж дуже усвідомлено, контролюючи кожен рух. Тобто, якщо відчуваєте, що потрібно випрямити коліно: усвідомлюєте – і не поспішаючи плавно випростовуєте ногу, і продовжуєте медитувати далі.

Намагайтеся у своїй практиці не робити жодних різких рухів тіла, які ви не усвідомлюєте. Повторю: головний принцип роботи з дискомфортом – створити простір навколо нього. Цей простір – це ваша позиція спостерігача, проміжок між об'єктом і вами – суб'єктом, який все це спостерігає.

Простір дає змогу зробити оптимальний вибір. Найчастіше він у тому, щоб не реагувати. Далеко не завжди нам взагалі треба реагувати на зовнішні подразники. Наприклад, якщо хтось каже «Дурень», можливо, найоптимальнішим буде просто промовчати, не повестися на це.

<u>Домашнє завдання до розділу 8:</u>

Поспостерігати за дискомфортом у житті. Тому що дискомфорт у медитації – це просто приклад. Протягом дня виникатимуть різні ситуації, які вас витягуватимуть із зони комфорту. Насправді це непогано. **Головне – щоб комфорт був у вас у голові.**

1. Спробуйте спостерігати, чи можете ви у ситуації дискомфорту розслабитись?

2. Чи можете зробити паузу, створити навколо цієї ситуації простір?

3. Спостерігати та зробити правильний вибір, який буде відповіддю на ситуацію, а не реакцією.

Реакція – це завжди дещо автоматичне. Ви просто дотримуєтеся шаблону, це відбувається швидко. Відповідь – це завжди щось живе, усвідомлене, мудре та оптимальне. Поспостерігайте за цим у медитації сьогодні та намагайтесь протягом дня також спостерігайте за тим, як ви можете бути у стані дискомфорту. Чи можете ви розслабитись? Чи можете ви не реагувати і перестати бути заручником свого розуму?

Бажаю вам гарної практики.

Розділ 9.
Що таке увага і як її розвинути?

Вітаю. У цьому розділі буде інформація на мою улюблену тему. Ця тема – про увагу, вона дуже практична та корисна. Коли ми практикуємо медитацію, то очікуємо, що ця практика нам щось даватиме. Так от, у цьому розділі ми якраз поговоримо про плоди. Про те, що ця практика нам може дати.

Якщо ви замислитеся глибоко, побачите, що увага – це єдине, що нам належить у цьому світі. Здається, що нам належать якісь речі:

- будинки;
- машини;
- одяг.

Ми часто ставимося до інших людей, як до своєї власності, до чоловіка, дружини, дітей. Але все приходить і відходить, наприклад, речі та гроші. Навіть стосунки також можуть трансформуватися, змінюватися. Близькі люди можуть залишати нас.

Увага – це те, що справді нам належить. Принаймні у потенціалі це те, що може нам належати, але, на жаль, у сучасному світі люди не контролюють і не керують своєю увагою. Нашою увагою володіють зовнішні об'єкти, ми розпорошені на 1000 різних предметів. Але наше завдання – повернути контроль над своєю увагою. І повернути те, що нам належить по праву. І медитація саме допомагає і дозволяє нам зробити:

- навчитися керувати своєю увагою;
- контролювати її;
- спрямовувати туди, куди ми дійсно хочемо її спрямовувати.

Про це ми поговоримо в цьому розділі.

Увага – це наша енергія

Спочатку розберемо, що таке увага. Думаю, що ви вже звикли до моїх наочних метафор та прикладів. Для цієї теми заготовлено ще одну метафору, яка може здатися дивною, проте – тим не менш: я сприймаю увагу як поливальний шланг. Думаю, кожен із нас хоча б раз у житті був на дачі чи на городі та поливав город шлангом. Уявіть, у вас у руках цей поливальний шланг, і в певному сенсі це і є увага: куди йде потік води, туди ви звертаєте свою увагу. Зрозуміле завдання: поливаючи город – поливати корисні рослини (яблуню, малину, полуницю) і не поливати бур'яни. Ми не хочемо бур'яни живити.

І з цього прикладу я хочу, щоб ви добре зрозуміли, що увага – це дуже цінний ресурс. Це – енергія. Куди ми звертаємо свою увагу, те ми й посилюємо. Саме тому всі довкола прагнуть нашої уваги. Якщо ви подивитеся, то всі полюють на нашу увагу:

- новини;
- реклама;
- політики;
- компанії.

Усі, фактично, хочуть від нас лише нашої уваги. Тому що, отримуючи нашу увагу, вони одержують нашу енергію. Що ми робимо? Зазвичай ми свою увагу даруємо всім, розпорошуємо її, але не звертаємо на те, що нам дійсно потрібне: суто наші проекти та справи. На це зазвичай у нас уваги не вистачає.

Увага – це обмежений ресурс

Тут дуже важливо розуміти, що увага – це обмежений ресурс. Щодня маємо обмежений запас уваги. Якщо цей ресурс ми витратили незрозуміло на що (найчастіше ми витрачаємо його досить безглуздо), то не варто дивуватися, що в нас не вистачає уваги на те, що нам дійсно важливо і потрібно.

Повертаємось до прикладу з поливним шлангом. Сильна, хороша, стійка увага – це коли у нас в руках шланг із гарним напором води. Ми бачимо, куди його спрямовуємо. Слабка увага – це коли шланг дірявий, тиск води слабкий. Десь дорогою вода витікає незрозуміло куди. У сучасних людей замість шланга вертушка або пістолет, які розпорошують воду в радіусі 10 м на 1000 і 1000000 різних речей. У результаті живиться все поспіль і нічого конкретного.

Так от наше завдання в медитації – навчитися поступово збирати свою увагу. Чи дає медитація якісь надздібності? Так, дає. Але це не ясновидіння чи телепортація у просторі. На мій погляд, у сучасному світі справжня надздібність – те, що людину робить унікальною і видатною. Це здатність контролювати свою увагу. Все складніше і складніше це робити, тому що у сучасної людини все більше відволікань. Часто наша свідомість розпорошена на різні речі. У медитації ми вчимо себе цю увагу збирати в одну купу та фокусувати.

Три напрями у роботі з увагою

Давайте на прикладі цієї метафори з поливним шлангом поговоримо про три напрямки праці з увагою в медитації.

1. Залатати дірки.

Якщо зараз увага випливає, відволікається, то наше завдання в медитації – ці діри залатати. Тут я наведу ще один приклад із вкладками у браузері в комп'ютері чи телефоні. Можливо, так само, як у мене, у вас одразу відкрито безліч цих вкладок, десяток сторінок, які, можливо, були відкриті ще тиждень тому. Насправді, всі ці відкриті сторінки поглинають оперативну пам'ять телефона або комп'ютера. Отже, вони швидше витрачають заряд акумулятора, по суті – витрачають енергію. Коли ми медитуємо, що ми робимо? Ми поступово ці вкладки закриваємо та залишаємо тільки те, що нам потрібно насправді зараз. Як відбувається закриття вкладок? Через відпускання. Це те, про що ми говорили. Наше завдання – увагу звертати тотально в наявний момент. Все, що цьому моменту не належить, автоматично відкидається через непотрібність. Таким чином ми поступово починаємо свою увагу збирати в один потік.

2. Навчитися цим потоком уваги керувати.

Надсилати його туди, куди ми хочемо. Поливати корисні та добрі рослини, а не бур'яни. Який сенс витрачати свою енергію на те, що нам у житті не потрібно? Медитація допомагає виробити навичку управління увагою. Про це вже багато написано у перших розділах. Це відбувається через постійне повернення уваги на обраний об'єкт медитації. З кожним таким поверненням ми прокачуємо навички контролю над своєю увагою.

3. Посилити тиск у шлангу.

Цікаво, але виявляється, що у уваги є різний рівень інтенсивності. Пам'ятаєте, ми розмальовували кола різними кольорами? Там був зелений, червоний та сірий. Зелений означав, що увага у нас є, ми усвідомлюємо дихання. Червоний – ми відволіклися. Сірий – пограничний стан, напівдрімота. Так от виявляється, що зелений колір буває різних відтінків. Буває світло-зелений, а буває густий, насичений, яскравий зелений. Можливо, у своєму житті ви звертали увагу, що бувають різні ступені якості концентрації. Згадайте зараз якісь моменти свого життя, коли ви відчували себе на піку уваги. Це може бути, наприклад, коли ви відповідали на запитання викладача на іспиті в інституті чи проходили співбесіду на роботі, чи ви робили якусь презентацію перед великою аудиторією. У ці моменти ви були максимально сфокусовані, не було жодних відключень. Ви були просто на вершині свого потенціалу, своїх ресурсів. І ось тепер уявіть, що цей стан може бути для вас природним. Тобто можете на такому рівні уваги жити, якщо тренуватимете свій розум і увагу.

Хороша новина у тому, що медитація якраз допомагає збільшити ресурс уваги, зробити світло-зелене – темно-зеленим, збільшити тиск у своєму шлангу.

Зупинка медитації

Може статися так, що ви згадали щось дуже важливе, або прийшов інсайт, який краще записати – нічого страшного, якщо ви відволікаєтеся від медитації. Візьміть записник або програму в телефоні та запишіть це. Таким чином, у вас не буде страху втратити важливу інформацію. Щоразу таких випадків відволікання ставатиме все менше, адже ви перенесете свої плани та ідеї в письмовий вигляд, де нічого не загубиться, і це теж допоможе вам сфокусуватися. Це цілком нормально, коли під час медитації приходять дуже круті ідеї, тому що ви звільняєте мозок від сміття, через яке ці ідеї або не приходили, або їх не було видно, доки ми не звільнили голову.

Після того, як ви записали інформацію, подякуйте своєму розуму і Всесвіту за подарунок і поверніться назад до медитації. Її доведеться провести спочатку заново. Бо мета медитації була не знайти відповіді чи щось згадати, а опрацювати те, чому ми тут навчаємося: увазі та фокусу.

Дефіцит уваги

Тепер розберемо, як ми відчуваємо у житті дефіцит уваги для того, щоб ви краще розуміли, наскільки це про вас, наскільки вам є з чим працювати. Дефіцит уваги у нашому житті відчувається як:

- нестача концентрації;
- відсутність фокусу;
- неможливість довести розпочату справу до кінця (ви за щось беретеся і втрачаєте швидко ентузіазм);
- хронічна втома;
- апатія;
- сонливість;
- млявість свідомості;
- низький енергетичний тонус.

Усе це ознаки дефіциту уваги. Якщо вам це хоча б трохи знайоме, то є куди розвиватися, є з чим працювати.

<u>**Плюси від підвищення уваги**</u>

Як може змінитися ваше життя, якщо рівень та якість уваги зростуть?

1. По-перше, тепер ви можете фокусуватися на чомусь одному тривалий час і не відволікатися. Фокус стає спрямованим, як лазер. Якщо ви вирішили щось зробити, то просто сідаєте та робите це. Усі подразники для вас просто не існують. При цьому у зовнішньому світі нічого не змінюється. Він, як завжди, намагається нас вивести з цього стану: щось десь пищить, діти кричать, всі довкола говорять, але вам все одно. Ви сфокусовані на тому, що ви робите, розум тренований, увага дресирована. Ви просто не дозволяєте собі відволікатися. Як результат, ви швидко досягаєте успіхів у роботі, у кар'єрі, у навчанні. У навчанні, до речі, ви тепер набагато швидше засвоюєте нову інформацію, швидше вбираєте та інтегруєте у своє життя. Навіть у спілкуванні з іншими людьми у вас краще уважність, чутливість, ви справді чуєте, що кажуть люди. Поліпшується спілкування з іншими людьми. До речі, спілкуючись із людьми, ви також тренуєте свою уважність.

2. По-друге, ще один важливий момент – менше стресу у житті. Чим у вас краща якість концентрації, тим частіше ви буваєте в існуючому моменті. А чим частіше ви в моменті «Тут і зараз», тим менше у житті стресів.

Все це приходить поступово в результаті практики та тренування уваги. І медитація якраз нам допомагає увагу фокусувати, посилювати її ресурс і спрямовувати туди, куди ми справді хочемо її спрямовувати.

<u>**Розвиток та тренування уваги**</u>

Що ж саме ми робимо у медитації для того, щоб розвивати та тренувати свою увагу? Почнемо із базових речей. Повторимо те, що ми говорили неодноразово. Розум буде відволікатися і це абсолютно нормально. Ваше завдання – не намагатися контролювати думки, але намагатись контролювати свою увагу. Кожне відволікання розуму за якоюсь думкою (нав'язливі драматичні думки, переживання) – це можливість прокачати м'язи уваги. Якщо за одну сесію медитації виходить зробити це 15 чи 50 разів – це добре, чудовий результат, хороше тренування. Тому сприймаємо нашу практику медитації як нагоду потренувати свою увагу. Дякуйте собі за кожне повернення уваги назад. Розуміючи, що це і є чесна якісна робота над собою.

У сьогоднішній сесії пропоную вам звернути увагу на три аспекти уваги.

1. Усвідомлювати якість своєї уваги. Зрозуміти в процесі медитації, яка зараз у вас увага. Вона може бути різною: слабкою, млявою, стійкою та сильною. Увага може бути сфокусованою, і вам легко витримувати її на одному об'єкті. Або навпаки – ви відчуваєте, що увага одночасно на різних об'єктах, паралельно думаєте про 10 різних речей. Нічого не треба робити. Просто спробуйте усвідомлювати якість своєї уваги.

2. Як змінюється ця якість у процесі медитації? Увага не зафіксована, нестабільна, вона змінюється. Причому вона може змінюватися по-різному. Наприклад, ви можете почати сесію, і увага слабка, або млява. Поступово, якщо ви добре працюєте над собою, увага стає більш стійкою, стабільною, глибокою і гострою. Буває інша динаміка. Ви почали на високій хвилі, і поступово увага падає, відчуваєте сонливість та млявість. І знову ми не намагаємося щось змінити чи якось оцінювати. Просто ми починаємо усвідомлювати, що відбувається з нашою увагою у процесі.

3. Куди спрямовується ваша увага? Тобто, куди вона сама собою зазвичай прямує? Часто ми це навіть не розуміємо. Знову ж таки, медитація – це збільшувальне скло, через яке ми можемо дуже наочно побачити, як у нас влаштовані ці процеси всередині. Часто люди виявляють, що їхня увага тяжіє до прокручування знову і знову сценаріїв (частіше негативних) подій з минулого. Або навпаки – прокручування

можливих сюжетів у майбутньому теж іноді не дуже позитивних.

Запитання: *«Навіщо ми це робимо?»* Згадайте, з чого я почав цей розділ? Увага – це цінний ресурс, енергія. Куди ми увагу звертаємо, те й посилюємо. Що ми шлангом поливаємо, те й зростатиме. Запитання: *«Навіщо нам поливати бур'яни? Навіщо нашу увагу звертати на прокручування сценаріїв, які були у минулому чи будуть у майбутньому?»* У цьому немає для нас ніякого сенсу, немає нічого творчого. У самій медитації ми звертаємо увагу на існуючий момент. І так ми посилюємо наш контакт із теперішнім моментом, присутність, усвідомленість, концентрацію та фокус. Тут суцільна користь, і це дуже практично.

<u>**Домашнє завдання до розділу 9:**</u>

Після медитації протягом дня спробуйте вловити, як у вас змінюється якість уваги, на що ви її направляєте за інерцією, звичкою. Щоразу запитуйте себе: *«Хочу я це посилювати?»*. Можливо, з колегою ви обговорюєте якісь офісні плітки, і одразу ж ставте собі це питання. Робіть мудрі свідомі вибори.

Я вам бажаю гарної уважної практики. Дякую.

Розділ 10.
Як регулярна медитація змінює життя?

Я радий вітати вас на заключному уроці нашої книги. Щиро сподіваюся, що це не останнє ваше заняття з медитації, і цей шлях тільки починається. Шлях розвитку, подорож углиб себе. Це відкриття власного внутрішнього світу. Можливо, навіть за цей короткий термін ви звернули увагу, що щось у вашому житті хоч трохи змінилося і продовжує змінюватися. Можливо, тепер ви почуваєтеся спокійнішим, усвідомленішим, уважнішим, радіснішим і легшим. Можливо, якісь ситуації відбулися, коли ви звернули увагу, що ви поставилися до них спокійніше з позиції спостерігача: більш прийнятним і терплячим. Необхідно повірити, що це лише початок, перший крок. Попереду, якщо ви захочете, багато нових відкриттів, можна повністю трансформувати життя, якщо ви дасте собі таку можливість.

Емоції

У цьому уроці вивчатимемо емоції. Як працювати з емоціями на практиці? Важливо розглянути дві теми:

1. Робота з настроєм, із нашими емоційними станами. Як із цим правильно працювати у медитації?

2. Як ми можемо через медитацію трансформувати сильні негативні емоції, які часом нас захльостують? Емоції – такі як ревнощі, страх, гнів.

Настрій

Думаю, ви помічали, що кожен день настрій буває дещо різним. Наприклад, прокидаєтеся – і з самого ранку відчуваєте, що день не задався: встав не з тієї ноги, прокинувся і щось не те. А буває навпаки – прокидаєшся вранці у чудовому настрої, але потім трапилася якась дрібниця, яка переключила настрій, і він зіпсувався. Це може бути будь що. Наприклад, начальник щось прикре сказав, він сам був у поганому настрої, або ви спізнилися на зустріч. Різні речі можуть нам зіпсувати настрій. Практичне питання: «*Чи можемо ми якось свідомо вплинути на наш емоційний стан, настрій?*»

Перше, що потрібно зрозуміти про емоції – це те, що вони є абсолютно у кожної людини. Хтось із нас може бути більш емоційним, хтось менш емоційним. Але абсолютно у кожної людини є емоції та є настрій. Не треба із цим боротися. Так само, як ми не намагаємося контролювати або якось блокувати думки, так само ми не намагаємося блокувати наш настрій та емоції. Ми дозволяємо їм бути, приймаємо їх такими, якими вони є.

Важливо в цьому плані в медитації зрозуміти те, що емоції постійно змінюються. Так само, як і решта, вони знаходяться в постійному русі. Наше завдання в медитації: навчитися бачити цю мінливість для того, щоб перестати ототожнюватися зі своїми станами та емоціями. Необхідно створити простір між нами, як спостерігачем та емоціями, які приходять та відходять. І є один приклад, який я зараз наведу.

Уявіть похмурий і непогожий осінній дощовий день у якомусь місті. Ви дивитеся на небо – воно свинцеве, ніде немає жодного просвіту. Здається все похмурим, непривітним та депресивним. Якщо ви колись на літаку відлітали в такий похмурий день, то точно бачили – коли літак через ці хмари піднімається вище, то далі – там сонце, ясне небо. Всі хмари залишилися внизу, а нагорі світло, ясність та простір. Поставте собі запитання: «*З чим ми ототожнюємо себе: з хмарами, мрякою, або з безмежним і нескінченним небом, яке є завжди, навіть у самий похмурий день?*»

Як нам перестати себе ототожнювати зі своїми емоціями? Принцип такий самий – просто спостереження. Ми стоїмо на оглядовому майданчику і так само, як ми спостерігали машини-думки, що проїжджали повз нас, так само ми починаємо спостерігати мінливість наших емоцій. У своїй медитації сьогодні спробуйте відстежити, в якому настрої ви. Це тонші речі.

- В якому ви зараз стані?
- Щось вас турбує чи непокоїть?
- Ви почуваєтеся трохи пригніченим?
- Чи є якісь страхи щодо майбутнього?
- Ви відчуваєте піднесення настрою, радість?
- Може, якісь світлі новини прийшли у ваше життя?

Спробуйте почати усвідомлювати ще цей клас. Крім думок та фізичних відчуттів (те, про що ми вже говорили) спробуйте у свій простір, увагу та усвідомленість додати ще один елемент – настрій та емоційний стан.

Знову ж таки, ми не намагаємося нічого змінювати і контролювати, просто спостерігаємо те, що є. Спостерігаємо постійну природу змін усіх речей та феноменів, і як завжди, опора для нас – це наше дихання. Дихання завжди відбувається зараз, в цей момент; якщо ми усвідомлюємо своє дихання, то це утримує нас на оглядовому майданчику, не дає нам приводу захопитися якимось станом. Також наше завдання в медитації в роботі з емоціями – просто усвідомити те, що вони весь час змінюються, перестати з ними ототожнюватися. Емоції є, їх має кожен, вони будуть, і з цим нічого не зробити. Але ми можемо перестати на цих емоційних хвилях постійно розгойдуватися, можемо бути десь посередині, бути стабільними. Емоції приходять та йдуть геть, а ми залишаємося.

Робота з негативними емоціями

Як працювати із негативними емоційними станами? У кожної живої людини в житті буває, що раптом взяла верх якась емоція. Це може бути гнів, сильний страх, ревнощі. Для багатьох ревнощі – це дуже сильна емоція, яка часто виникає. Виявляється, у медитації ми можемо з цими емоціями також працювати, але є один ключик, як це робити правильно.

Проблема сильних емоцій у тому, що ми не можемо залишитися на оглядовому майданчику, вони нас просто виривають з позиції спостерігача. Я вже писав в уроках про драми, емоції постійно пов'язані з розповіддю або сценарієм драм, які складає наш розум. Для того, щоб залишитись у позиції спостерігача, є одна техніка. Наше завдання – переключити увагу з самої цієї емоції, з того сюжету, лінії оповіді, які вигадують наш розум, на фізичні відчуття, що виникають у тілі, як відповідь та реакція на емоції.

В людині все взаємозалежне: тіло пов'язане з розумом, емоції пов'язані з тілом. Щоразу, коли виникає якась емоція, особливо якщо це сильна емоція, ви можете простежити, як вона відбивається на вашому тілі. Кожна емоція має певну свою локацію, певні відчуття. Якщо ви відчуваєте якусь сильну емоцію, просто сядьте для медитації та зверніть увагу, де у своєму тілі ви відчуваєте цю емоцію. Можливо, в ділянці грудей, а можливо – у животі. Досліджуйте. Робіть це так само, як ми обговорювали в роботі з фізичним дискомфортом.

1. Які це відчуття?
2. Чи можете глибше в них проникнути?
3. Це жар, тиск, вібрація, поколювання? Що ж саме це?
4. Зверніть увагу, що в процесі дослідження необхідно зрозуміти, чи ці відчуття статичні, чи вони перебувають в постійному русі.
5. Чи змінюється розташування відчуттів?

Головний принцип – прибрати свою увагу з драми, яка дуже легко може затягнути, і перенести його в тіло, у фізичні відчуття. Цей принцип роботи з сильними емоціями може дуже допомогти їх трансформувати, пройти через них наскрізь. Спробуйте це наступного разу, коли у вашому житті виникне щось сильне та бурхливе.

У медитації сьогодні необхідно постаратися усвідомлювати настрій, емоційний стан:

- Який він на початку практики?
- Як він змінюється у процесі?
- У якому стані ми закінчуємо нашу практику?

Як завжди, **домашнє завдання**. Починаємо протягом дня відстежувати свій емоційний фон:

- як він змінюється;
- в якому настрої прокидаємося;
- через що настрій змінюється в гірший бік чи на краще?

Намагайтеся не ототожнюватись зі своїми станами. Тому що, якщо ви можете спостерігати свої думки або свої емоції, це означає, що це не ви. Насправді, якщо ви з цього курсу винесете тільки одне – позицію спостерігача, який просто стежить за всім, що відбувається, це дуже потужна техніка, яка допоможе вам у вашому повсякденному житті. Щодня, коли ви про це згадуєте, просто поверніть себе всередину тіла, прикрийте очі, або це можна робити, навіть не прикриваючи очей – просто перенесіть увагу всередину і буквально на кілька подихів поверніться на оглядовий майданчик у позицію спостерігача. Подивіться, що відбувається на дорозі. Це можуть бути пробки, година пік, або навпаки – мало руху. Просто поспостерігайте впродовж пари подихів і поверніть свою увагу всередину. Ви спокійні. Навіть короткої практики **«Повернення до себе додому»** буде достатньо для того, щоб продовжити день більш свідомо та спокійно.

Як запровадити звичку медитувати

Особисто я, щоби впровадити будь-яку звичку, користуюся сервісом Way of Life. До того, як почав користуватися цією програмою, я роздруковував собі великий календар і вішав його на стіну. Зеленим маркером я закреслював день, коли я робив корисну дію (тоді це був біг) і червоним закреслював день, коли я не бігав. До настінного календаря я ще користувався робочим щоденником, і в ньому я також відзначав свої корисні звички.

Ще важливо собі дякувати за щоденне впровадження корисної звички. Особисто мені це не знадобилося, тому що від медитації я почав отримувати задоволення майже одразу. До того ж, це дуже цікавий процес і дуже різноманітний, оскільки медитація щоразу різна. У ній різний процес та різні результати.

Звичку медитувати я впровадив до свого ранкового ритуалу. Вранці я прокидаюся, роблю собі чай, поки п'ю його, роблю розминку. Під час розминки дивлюся корисне відео чи слухаю книгу. І відразу між розминкою та сніданком я медитую. На медитацію у мене йде від 5 до 20 хвилин. Таймер та будильник я собі не ставлю. Якось мій мозок сам розуміє, коли він насичується медитацією. І, на мою думку, обривати медитацію варто лише тоді, коли у вас є реально обмежений час на неї.

Щодо вечора, то вечірню медитацію я роблю під настрій. Це може бути через день або раз на 3 дні. Увечері я запалюю свічки та аромапалочки, щоб медитація пройшла в розслабленій та затишній атмосфері.

Іноді медитацію я чергую із візуалізацією свого дня чи своїх бажань.

<u>Домашнє завдання до розділу 10:</u>

У сьогоднішній медитації попрацюйте з емоціями. Також придумайте ваш спосіб, як і де ви запровадите звичку медитувати.

Замість епілогу

Метта-медитація

Дякую, що ви дійшли зі мною до кінця цієї книги, але я не міг залишити вас без подарунка, бонусного заняття. У ньому ми займатимемося новою для нас медитацією. Вона називається Метта – це найдавніша техніка. Взагалі, Метта перекладається як кохання, але кохання не в романтичному сенсі. Ось уявіть, які почуття у вас виникають, коли ви дивитеся на немовля або на кошенят і щенят, що граються. У вас у серці виникає симпатія та дружелюбність до цих живих істот. Метта спрямована на те, щоб ми культивували (вирощували) у собі ці якості свідомості. Побажання іншим людям та іншим істотам щастя. Ця медитація дуже приємна, і коли ви її робитимете, то відчуєте, як працює карма. Коли ми якісь добрі побажання надсилаємо іншим, водночас ми відчуваємо те, що ми віддаємо світові.

Я коротко розповім, як виконується ця практика, і після цього ми спробуємо її зробити. Не хвилюйтеся, якщо зараз ви щось не запам'ятаєте, це не має значення. Сам принцип цієї медитації полягає в тому, що ми знову і знову зі свідомості спрямовуємо добрі побажання іншим людям. Будемо повторювати певні фрази такі, наприклад, як:

- *«Ти щасливий, здоровий та благополучний»;*
- *«Ти вільний від страждань» та ін.*

Добре, якщо ви повторюєте це не тільки механічно з голови, а також підключиться серце. Ми намагатимемося в медитації утримувати увагу в області серця. Не завжди з першого разу це виходить. Якщо ви не відчуваєте жодних емоцій під час практики, це нормально. Поступово емоції прийдуть, і це буде дуже приємно, а можливо, іноді будуть і сльози.

У цій практиці є певний порядок.

1. Ми завжди починаємо з себе, і в цьому є глибоке значення. Ми можемо поділитися зі світом лише тим, що є у нас самих. Якщо ми хочемо з іншими ділитися гармонією, радістю, щастям, то спочатку нам треба подбати про себе, щоб ці якості у своєму житті мати. Тому практику Метти традиційно ми починаємо з самого себе: подумки перед собою уявляємо свій власний образ і спрямовуємо благі побажання від щирого серця самому собі.

2. Після цього ми переходимо до наших спогадів про своїх батьків. Не так важливо, чи живі вони зараз, чи вже ні. Де б вони зараз не знаходилися, вони отримають наші послання, вони отримають енергію нашої любові. Зберігаючи перед собою образ своїх батьків, ми надішлемо їм добрі побажання.

3. Далі перейдемо до близьких людей. Це ті люди, які у цьому житті для нас мають велике значення. Наприклад, чоловік, дружина, діти, якийсь близький друг, можливо, сестра. Це можуть бути одночасно одразу кілька людей. Потрібно надсилати благі побажання цим близьким людям.

4. Ми згадаємо з повагою та вдячністю своїх вчителів. У кожного в житті є вчителі – це можуть бути наші старші брати та сестри; вчителі у школі, в інституті; в дитячому садку; духовні вчителі. Кожна людина, яка чимось із нами поділилася, чимось нам допомогла – це наш учитель. Тут ми згадаємо вчителів і побажаємо їм всього найкращого.

5. Тільки тепер ми перейдемо до людей, з якими у нас стосунки не дуже добре складалися, тих, яких ми зазвичай називаємо ворогами. Але ворогів насправді не існує. Існують просто наші добрі вчителі, які теж нас навчають якимось уроком, який для нас виявляється болючим. Тут ми згадуємо саме таких людей, відносини з якими не складалися. Можливо, вони завдали нам багато болю та страждань, можливо, ми завдали їм болю та страждань. І це наша можливість зцілитись, зцілити своє серце, відпустити образи, попросити прощення. Або навпаки – пробачити самому. Спробуйте відкрити серце.

Думаю, кожен із нас, йдучи життям, зробив багато різних помилок, невмілих дій, щось, про що потім шкодував. Ми самі часто завдаємо страждань іншим людям. І що цікаво, нам пробачають інші люди, прощають наші помилки. Тому нам також настав час відкрити серце і пробачити.

Після цього ми намагатимемося розширювати простір нашої любові дедалі ширше. Якщо до цього ми надсилали добрі побажання людям, яких ми особисто знаємо, з якими ми маємо зв'язок, то після цього ми спробуємо надіслати добрі побажання людям, яких ми навіть не знаємо. Наприклад, людям:

- які мешкають з нами в одному місті;
- які в цей момент кудись поспішають у своїх справах;
- стоять у пробках;
- їдуть у метро;
- всіх продавців у магазинах;
- всіх водіїв;
- своїх колег;
- які живуть в одному з нами будинку;
- сусідам, можливо, ми з ними навіть не знайомі.

Усі ми, люди, прагнемо щастя. Всі ми хочемо в цьому житті лише одного – щастя та розвитку. І це наша можливість цю енергію щастя та радості дати цьому світові від достатку, від того, що в нас самих вона є. Потім ми побачимо, чи можемо піти ще далі. Чи можемо ми у свій простір люблячої доброти помістити всю країну, весь континент, весь світ. Уявіть людей по всій землі, людей на різних континентах – вони мають різний колір шкіри, різні мови, різні віросповідання. Але насправді всі ми на якомусь глибокому рівні єдині, всі ми прагнемо щастя. Намагатимемося культивувати в собі це добре побажання: *«Нехай усі люди на Землі будуть щасливі. Нехай всі люди будуть вільними від страждань»*.

Тепер ми підемо ще на один крок далі, згадаємо про всіх живих істоти, не лише про людей на цій планеті. Наприклад, це:

- тварини;
- птахи;
- риби;
- комахи;
- усі невидимі істоти, які теж є.

Завершимо практику Метти, надсилаючи благі побажання всім живим істотам на нашій Землі. Ця практика стає улюбленою для багатьох людей. Вона дуже приємна, трансформує наше життя, повністю змінює наші стосунки з іншими людьми. Можливо, ви помітите, що після цієї практики люди починають до вас по-іншому ставитись: випадкові перехожі раптом вам посміхнуться чи скажуть якесь добре слово. Люди будуть відчувати ваш добрий настрій і відповідатимуть взаємністю.

Зрозуміло, що цю практику можна робити не лише формально, сидячи із заплющеними очима, ми можемо її практикувати протягом дня, перебуваючи у різних ситуаціях. Наприклад, у пробці ви можете або проклинати все навколо, інших людей, і про себе лаяти. Або, навпаки – ви можете згадати про те, що в сусідніх машинах сидять такі ж люди, як і ви, вони теж кудись поспішають, вони теж спізнюються, страждають так само, як і ви. І якщо в пробці ви згадаєте про Метту, то можете подумки побажати: *«Нехай усі ви (водії, люди в сусідніх машинах) будете щасливі, вільні від страждань»*. Можливо, у вас після цього на обличчі з'явиться посмішка, а люди, які сидять у сусідніх машинах, побачать її, і їхній настрій покращиться.

Те саме, коли ви їдете в метро або спілкуєтеся з іншою людиною. Спробуйте застосувати цю техніку, особливо коли ви відчуваєте, що стосунки складні, напружені. У цей момент згадайте про Метту, і внутрішньо і по можливості щиро побажайте людині або людям навпроти: *«Нехай ви будете щасливі, здорові та благополучні»*. І ви самі побачите, як ситуація цілком магічно трансформується, перетвориться найкращим чином.

Я радий поділитись з вами цією технікою. Це просто безцінний дар, ключик до щасливого життя. Я маю надію, що ви візьмете її у своє життя, практикуватимете, і житимете радісно, щасливо та гармонійно.

СТОРІНКА ПОДЯКИ

Хочу подякувати людям, які надихали мене, або безпосередньо приймали участь у створенні цієї книги.

Дякую бабусі Ніні, якої з нами вже немає. Вона була нашим духовним лідером в сім'ї і ще змалку зацікавила мене духовною літературою.

Моїм батькам, які ніяк мене не обмежували в моїх духовних вподобаннях. Також вони були першими читачами і коректорами моєї книжки.

Олегу Карповичу, тренеру по дзюдо, який ще в мої 10 років відкрив дверцю до буддизму, та окрім тренування займався нашим ментальним розвитком.

Максиму, моєму партнеру, другу та духовному наставнику, який ще в 2013 році відкрив мені світ духовності через друк книжок для побратимів.

Нашій ілюстраторці Наталії Бутенко, яка намалювала, причому вручну, цю обкладинку, бо тоді штучно-інтелектуальні малювалки ще не були в тренді. І терпеливо витримувала мої правки.

Моїй асистентці Ганні за комплектування, набір тексту та переробку купи матеріалів, які ми використовували для створення книги. До речі, вона майже всю цю роботу робила сидячи в підвалі з дітьми, при світлі ліхтарика та під обстрілами в передмісті Харкова. Так звана «трудотерапія».

Нашій верстальниці Вікторії Рубаненко, яка мій хаотичний «гугл док» привела до ладу.
Катерині Лакшмі, яка долучила мене до колективних онлайн- та оффлайн-медитацій з духовним вчителем.

*Дорогий читачу, сподіваюся, ця книга була для вас корисною.
Я бажаю вам продовження шляху у розвитку
та позитивних змін у житті!*

Ваш Костянтин Кавун.

Костянтин Кавун

Увага на кінчику носа

Як швидко навчитися медитувати

Підписано до друку 08.02.2024. Формат 60×84 1/16. Папір офсетний
Умовн. друк. арк. 5,63. Обл. вид. арк. 3,69. Зам. № 462.
Наклад 50 прим.

Видавець «ФОП Середняк Т.К.», 49000, Дніпро, 18, а/с 1212
Свідоцтво про внесення суб'єкта видавничої справи до Державного
реєстру видавців, виготівників і розповсюджувачів
видавничої продукції ДК № 4379 від 02.08.2012.
Ідентифікатор видавця в системі ISBN 8139
49000, Дніпро, 18, а/с 1212
тел. (096)-308-00-38, (056)-798-04-00
E-mail: 7980400@gmail.com

Віддруковано на базі поліграфічно-видавничого центру «Кавун»
49000, Дніпро, 18, а/с 1212
тел. (066)-55-312-55, (056)-798-22-47
E-mail: arbuz.in.ua@gmail.com
www.arbuz.in.ua

Для нотаток